浙江省普通高校"十三五"新形态教材

浙江省 2018 年重点出版物出版计划

2019 年度浙江省社科联人文社科出版资助项目（19WT09）

U0744036

穿透现实
——媒介与社会变革

吴　凡　著

浙江工商大学出版社 | 杭州

ZHEJIANG GONGSHANG UNIVERSITY PRESS

图书在版编目(CIP)数据

穿透现实：媒介与社会变革 / 吴凡著. — 杭州：
浙江工商大学出版社，2019.7(2022.7重印)
（网络化人文丛书 / 蒋承勇主编）
ISBN 978-7-5178-3248-5

Ⅰ. ①穿… Ⅱ. ①吴… Ⅲ. ①传播媒介－关系－社会
变革－研究 Ⅳ. ①G206.2 ②K02

中国版本图书馆 CIP 数据核字(2019)第 097740 号

穿透现实——媒介与社会变革
吴　凡著

出 品 人	鲍观明
责任编辑	任晓燕
封面设计	林朦朦
责任印制	包建辉
出版发行	浙江工商大学出版社
	（杭州市教工路 198 号　邮政编码 310012）
	（E-mail:zjgsupress@163.com）
	（网址:http://www.zjgsupress.com）
	电话:0571-88904980,88831806(传真)
排　　版	杭州朝曦图文设计有限公司
印　　刷	杭州宏雅印刷有限公司
开　　本	787mm×960mm　1/32
印　　张	6.375
字　　数	98 千
版 印 次	2019 年 7 月第 1 版　2022 年 7 月第 2 次印刷
书　　号	ISBN 978-7-5178-3248-5
定　　价	28.00 元

总　序

从普及人文知识,提升大学生和社会公众人文素养的宗旨出发,我们精心策划编写了这套"文字—视频—音频"三位一体的"网络化人文丛书"。其定位是:人文类普及读物,兼顾知识性、学术性、通俗性;既可作为大学人文通识课教材,又可作为社会公众的普及读物。

移动网络时代,"屏读"逐步改变着人们的阅读方式,传统的"纸读"在人们的阅读生活中有日渐淡出之势。常常有人称"屏读"为肤浅的"碎片化"阅读,缺乏知识掌握的系统性和文本理解的深度,因此,我对此种阅读方式表示忧虑。

我以为,我们应该倡导有深度和系统性的阅读——主要指传统的"纸读",但是,对所谓"碎片化"的阅读,也不必一味地批评与指责。这不仅是因为"屏读"依托于网络新技术因而有其不可抗拒性,还因为事实上这种阅读方式也未必都是毫无益处甚至是负面的,关键是网络时代人们的心境已然不再有田园牧歌式的宁静与悠然,而是追求单位时间内阅读的快捷性和有效性,这符合快节奏时代人们对行为高效率的心理诉求。我们没有理由在强调不放弃传统阅读方式的同时,非得完全拒斥移动网络时代新的阅读方式，而应该因势利导，为新的阅读方式提供更优质的阅读资源和更多元化的阅读渠道。

基于此种理念，这套"网络化人文丛书"力求传统与现代、人文与技术的融合，通过二维码技术使"纸读"与"屏读"（视频、音频）立体呈现，文字、视频和音频"三位一体"，版式新颖；书稿内容力求少而精，有人文意蕴，行文深入浅出、雅俗共赏，在一般性知识介绍与阐释的基础上有学术的引领和提升；语言简洁、明了、流畅，可读性强，既不采用教材语言，也不采用学术著作语言，力图让其成为网络时代新的阅读期待视野下大学生和社会公众喜闻乐见的人文类普及性读物。

我们坚信，这样的写作与编辑理念是与时代精神及大众阅读心理相契合的。不知诸君以为如何？

蒋承勇

2018 年 8 月

目录

引　言　变化中的媒介景象

全世界都处在一个激烈变革的阶段。在新技术的推动下，地缘政治格局、经济模式、媒介图景及我们赖以生存的这个世界正在发生巨大的变化。

这种颠覆性变化的特征，实际上早在几个世纪前就已初露端倪。蒸汽机和电力的发明，推动了农业社会向工业社会的转变；20世纪50年代开始兴起的计算机和互联网技术，又推动了社会从工业时代向信息时代的转变；当今互联网时代，数字化和智能移动技术与互联网的无缝链接，驱动社会跨进一个全新的世界。

工业化时代，人们认识世界的途径在很大程度上依赖于大众传播媒介提供的各种信息，这些信息广泛而持续地单向度传播，形成了一定的社会共识和社会秩序；到了信息化时代，开始是计算机和互联网一起创造了一个信息交流和共享的平台,现在这个信息交流和共享的平台转换成一个实时社交的平台,全世界的人都可以随时随地实时地交流互动,共享信息。

数字化、移动智能技术的迁移,彻底颠覆了我们感知世界的方式、教育的方式、工作的方式、生活的方式,改变了我们政治表达的方式、生产的方式、交换的方式,以及我们对商品和服务进行支付的方式,改变了我们文化传承的方式、娱乐的方式,以及人与介质、人与信息、人与人等交流互动的方式。因此我们来到了一个"共享时代"、一个"社群时代",我们进入了一个"众媒时代"、一个"共媒时代",我们即将进入一个"智媒时代"。

而这一切,都基于技术带来的信息共享的普及和应用。

因此,我们可以看到这样的景象:

传统的媒介专业生产者向更多的普通内容生产者转移,因为基于数字化和移动智能技术的平台可以使内容得到快速分享,使得事件的亲历者、围观者甚至无人机都能提供信息资讯,因此传统媒介机构的信息垄断权正在丧失,它只能成为内容生产的一分子,社交平台成为最大的信息原生地和中转地。

传统媒介的权利正在丧失,因为数字化和移

动智能技术的内容生产和信息传播无论在速度上还是在广度上都是"光速"，微信、微博、知乎等平台上的个人用户对事件不依不饶的层层解析和评论，使得信息不仅被源源不断地在各个圈层快速传播，而且强势霸占了舆论走向的通道。

个人的兴趣爱好得到极大的放大，因为数字化和智能移动技术带来的视频、音频、内容类的直播，使得不断细分的个人爱好和兴趣内容获得极大的分享可能，使得社群领域异常发达，个人创新受到前所未有的鼓励，多元的价值得到异乎寻常的宽容和尊重。

今天我们所遇到的是人类历史上介质迁移最激烈的时代，技术、媒介、人、社会和文化都处在剧烈的变革中。面对如此深刻的结构、资源和技术本质的变化，我们应该如何察今和察明？本书基于介质技术变迁的角度，从三个重要维度来掌握真实的世界：向过去学习，了解事态变化的原因；就当下观察，掌握变化的事实；向未来展望，掌控变化的世界。正如奈斯比特所说："掌控这个世界，要远远比看懂这个世界更重要。"

阅读这本小书，你将获得如下回馈：

（1）媒介世界的变化很快，其影响你我都不能幸免；

（2）变化的媒介世界是被技术推动和裹挟着前行的；

（3）媒介重构政治秩序，对政治表达影响巨大；

（4）媒介经济体量巨大，它是个很赚钱的买卖；

（5）媒介承载的文化很重，还经常带来惊艳；

（6）要吸引别人眼球，须先了解他们想要什么；

（7）媒介玩法只有不断创新，才能避免高风险；

（8）媒介改变世界格局。

花径已扫，请过去吧。

1 我们活在哪个世界
——媒介发展和社会认知变化

人类历史上从来没有像今天这样，媒介深刻地渗透我们生活的各个角落。我们来看一下生活在杭州的 25 岁年轻白领小阳一天的生活。

小阳的一天从听"凤凰 FM"起床开始；在去地铁的路上，打开腾讯新闻看一下中美贸易战最新进展；在地铁上的半小时，打开腾讯动漫看新一集《狐妖小红娘》；出地铁后，到 7-11 用支付宝买良品铺子的食物作为早餐；到了办公室开始工作；午餐间隙瞄一眼综艺节目放松一下；下班回家路上，打开斗鱼观看张大仙的《王者荣耀》直播；凑巧今天不加班，把 HBO 出品的科幻美剧《西部世界》看了；临睡时再听一段喜马拉雅的《晓说》，慢慢进入梦乡……

媒介正在毫无遮挡地浸入我们的生活中，信息、终端和人体的无缝链接构成了人类全新的生存环境。让我们仔细感受一下技术促进的媒介迁移是如何改变人类自身的认知和行为的。

1.1 谁延伸了我们的眼睛和耳朵——技术进步促成传播介质演变

媒介就是中介物,是指事物之间发生关系的介质或工具。传播学意义上的媒介是指传播信息符号的介质或工具,传播学之父施拉姆(Wilbur Schramn)就说得很明白:"媒介就是传送信息的工具。"

媒介作为工具,它与人类社会的技术发展紧密相关。火的发现和使用,使人类区别于动物,有了狼烟传信;工具的发明和使用,使人类得以用文字把过去无法流传的信息刻在龟甲或写在羊皮、竹简和丝帛上;蒸汽机和电力的发明,使人类得以突破时空限制,通过书籍、报刊、广播、电视、电影等多种样式形象生动地记载并传播信息;互联网技术和移动通信技术的创新,使人类真正随时随地在人和介质之间穿梭流转。技术的不断发展推动了传播媒介的更新进化。

媒介不断更新迁徙不仅改变了信息本身的生产传播方式,而且带来了不同的媒介形态和不同的特征尺度。

口语传播时代，人类获得了说话的能力，摆脱了原始状态。但是口语作为媒介，只能近距离沟通交流，靠记忆传播，受时空强烈制约。

文字传播时代，人类文明传承有了可能。文字作为媒介，使信息突破了时空限制，大大提高了其传播范围，并且极大地保障了其在传播过程中不被丢失、扭曲；但是在手写文字阶段，信息传播速度慢，传播范围小，文化思想容易被垄断，这就是加拿大著名传播学家伊尼斯（Harold Adams Innis）所说的，倚重空间的媒介不利于帝国扩张的观念。

印刷传播时代，印刷媒介使人类有了可以大批量、高效率地复制信息的能力，使信息的传播完全突破了时空限制，打破了知识文化垄断，使思想文化得到了极大传播，给人类社会带来了巨大影响。

电子传播时代，以电影、广播和电视为代表的电子媒介集文字、图片、视听等传统和现代媒介形式于一体，以视听复合符号等电子介质传递的信息，具有直观的真实性和虚拟的想象力混合的特点，其覆盖范围几乎无边无际，声音和影像信息可以被大量复制、传播和保存。其传播突破了人类直接交流的时空限制，实现了人类远距离快速传播和实时同步传播，使人类进入了世界性的、普及化的大众传播时代。

网络传播时代，通过个人计算机、互联网、在线网络、网络浏览器、万维网、搜索引擎等，基于光纤通信技术、数字技术、影像压缩技术和多媒体技术的高度融合，网络传播提供了旧媒介无法提供的新服务，其超文本的链接方式，把传统媒介中点对点对话式的双向传播和点对面的单向传播变成了交互式的双向传播。在网络世界里，每个人既是信息的接收者，又是信息的传播者。用户掌握着信息接收的主动权，其充分的互动性、自主性、参与性，使媒介话语权不再被精英阶层所垄断，而是走向平民阶层。互联网给人类传播活动带来了前所未有的革命性影响。

移动互联网时代，智能化的"网络＋无线通信"模式的出现，无线上网、智能手机、移动端、智能硬件等的出现，实现了信息的双向互动传播。信息、终端、人体的无限"链接"，使传播不为任何一种实体的"介质"所限，传播媒介正在突破人类认知疆界。社交媒体、实时直播、兴趣社区等样式的出现，介质的迁徙，不仅改变了信息传播的物理形态、传播路径，更导致了个性化和差异化的不同文化族群的出现，深刻地颠覆了社会生态。

技术革命的日新月异,使人的各种感官通过不断更新迁徙的媒介获得了延伸。人、介质和关系都成为信息的源头,无处不在的媒介,深刻地影响了我们对世界的感知,改变了我们与社会相处的方式,并且催生出新的领域。

1.2 媒介相处——传播介质演变改变社会认知

媒介介质的阶段性演变带来的媒介特性和形态的改变,影响了人们感知当下世界的尺度。我们常说报纸改变购物行为,电子媒介形成旁观者文化,互联网海量信息形成容器人,移动互联网形成拇指族、低头族。麦克卢汉说过,每一种新媒介的出现,无论它传递的具体内容如何,这种媒介形式本身都会给人类社会带来某种信息,引起社会的某种变革,开创社会生活和社会行为的新方式。

1.2.1 改变日常行为习惯

我们以晚报出现为例,来看看不同的大众媒介是如何创造出不同的生活习惯的。

世界上第一张日报在 1650 年的德国发行。报纸在经历了官报、党报大发展阶段后,在 19 世纪末进入了商业报纸的发展阶段。早期报纸的形式以周报和日报为主,至 19—20 世纪,晚报普遍出现,且日益受到读者的广泛欢迎。

相比日报,晚报在内容上更注重报道社会新闻、文化新闻和体育新闻,提供有关日常生活的各种知识,做读者衣食住行的参谋,为人们的生活、休息和娱乐服务。由于晚报送到读者手中已是傍晚,读者阅读日报和晚报时的心理不同,所以晚报具有生动活泼、短小精悍、有人情味和可读性等特点。

晚报出现后,人们从就寝前读一本书转为读一张报;过去家庭主妇的购物时间通常安排在下午,由于晚报中刊登了商场打折的信息,家庭主妇的购物时间也由下午调整到第二天上午,因为晚上阅读晚报后可以有计划地搜寻心仪或廉价的商品。而主妇们购物时间的调整,也迫使零售商改变进货、理货、上架的时间表,以便商店一开门,顾客就可以购买东西,不至于因货品缺货或陈列混乱而影响顾客的购物时间和心情。晚报的出现无意中改变了人们的购物和生活习惯,也促使商家调整购买节点,促使新的商业竞争点出现。

后来,这种新习惯从晚报蔓延到所有的晚间媒介。20世纪20年代电视出现后,电视利用晚间新闻播报把读者从晚报中抢走。到今天,互联网提供的即时信息又在争夺电视新闻的晚间受

众。移动通信和智能手机的出现,完全改变了人们定点定时观看信息资讯的习惯,随时随地碎片化观看成为常态。大众媒介形态的变迁,造就了不同时代的人们获取信息的行为和生活习惯的不同。

1.2.2 打破了知识接受的顺序,形成了无门槛化、共享化的教育通道

观赏电视和读书看报不一样。读者阅读印刷媒介物总是随着年龄和文化程度的增长,从浅显、简单的,到深奥、复杂的,而看电视不必先看简单的,再看复杂的。电视收视便利,对阅听能力没有固定阶段和顺序要求,使得受众由印刷媒介时代的较为单纯和易于把握变成现今电子媒介时代的混杂和不易把握。与传统的印刷媒介相比,电子媒介的发展加速了传统社会不同文化层次、不同类型受众群间界限的土崩瓦解,加速了社会认知意识的巨大变化,人们不再相信崇高,藐视权威,自我意识觉醒,社会架构扁平化。

如果说电视降低了知识获取的门槛,那么基于互联网和移动互联网技术的在线教育,则创造了跨时空的学习方式,使知识获取的方式发生了根本变化。萨尔曼·可汗是孟加拉裔美国人,在

美国创办了可汗学院。可汗一个人制作了有关数学、物理、化学、生物、天文学等科目的 2300 多部教学视频,向全世界提供免费教育,创造了一名教师、一台电脑便可招收上千万学生的"教育神话"。在可汗学院,教与学可以不受时间、空间的限制,知识获取渠道灵活而多样,学生和教师可以随时在线互动讨论,并且教师可以根据每人的学习进程定制个性化的辅导,学生可以自主决定学习进程和完成作业的进度。全球有 5600 万中小学生观看他的教学视频,每月有 600 万学生登录网站。2012 年 4 月,《时代周刊》评出了 2012 年影响世界的百人榜,萨尔曼·可汗位列第四,他已被公认为全球教育界的"超级巨星"。

同样地还有发源于美国的 E-Learning(在线培训)。全美有 60% 的企业通过 E-Learning 进行员工培训。1998 年以后,E-Learning 从北美、欧洲迅速扩展到亚洲地区。

此后,免费的或付费的在线教育平台如雨后春笋般涌现。免费的如 MOOC(Massive Open Online Course),即"大规模开放式网络课程",在 2012 年大规模出现;网易推出的"全球名校视频公开课",通过 CC 协议翻译和发布世界名校公开课的课程,用户不仅可以通过网易公开课共享全

球名校课程资源,而且可以在"网易云课堂"建立学习互动社区。网易公开课目前的课程视频已达13000余集。

随着移动互联网和智能手机的深度结合,2016年前后出现了很多知识付费平台,如最早直播音频课的知乎、十点课堂等。它们通过集合各个领域的专家导师,如心理情感类大咖、复旦大学医学博士海蓝、美学大咖、浙江广播电台主播RAY,技能类大咖、豆瓣认证视频师"凹斑马",等等,重点包装"头部讲师",打造专业爆品内容,用20分钟以内的视频和语音两种形式,吸引了大量用户。

无论在线培训还是在线学习,免费的还是付费的,其意义不只是一种技术。技术只是传送内容的手段,重要的是 E-Learning 所代表的电子化的学习本身,以及通过学习所产生的巨大变革。

任何人、任何时间、任何地点、从任何章节开始、学习任何课程,"五个任何"引发的主动性、探索性、延伸性、互动性、个性化的学习思维和方法,跨越了地域等因素造成的教育资源不平等,使教育资源共享化,任何知识文化都可以超出校园范畴向更广泛的地区辐射,促进了教育开放式传播,无校园教育、现代教育、终身教育、共享教育成为社会的共识。随着手机付费习惯的普及,人们也习惯了在"卖知识"的平台上挑选适合个人生活、工作、娱乐、情感等的课程。在移动的空间里进行碎片化学习已成为人们的一种习惯。

1.2.3 打破了真实的人际交往,带来了虚拟的社会人际互动

人是社会性动物,人在与父母儿女、亲戚朋友、老师同学、同事老板甚至对手敌人的交往中成长成熟起来,人际交往是人类自我成长和社会化的必然过程,也是实现人生价值的重要途径。

在原始部落或印刷媒介时代,人际交往都是在真真切切的世界里进行的,无论见面交谈还是舌战群儒,都要面对面进行。

到了大众媒介时代,尽管阅读报纸杂志、看电视电影是个人活动,但使用媒介却是一项社会活动。无论是人们聚集在一起看春晚、看《战狼》,还是个人独处看春晚、看《战狼》,看的形式都不重要,重要的是电视或电影媒介提供相同的内容给大家。媒介提供的这些相同的内容会成为人们日常交流的共同话题,成为人们共同关注的问题,从而使人们方便找到与他人沟通交流的话题,更容易融入周围群体并与周围人保持良好的人际沟

通，获得归属感。在这个意义上，大众媒介在创造人与人之间的和谐关系，创造和谐家国和友好的国际传播方面有非常重要的作用。

事实上，大众媒介所提供的这种社会人际交流是在模拟社会人际互动中完成的。电视主播直接面对摄像机镜头时，好像是在与观众面对面交流，我们都知道实际上并没有形成真正的人际关系，但许多人喜欢这种交流，它满足了由于社会化发展而日益消失的现场谈话感。《锵锵三人行》中，窦文涛在演播室和不同的嘉宾就社会话题进行交流，尽管演播室场景属于摆拍，却给了电视观众与媒体从业人员真实的聊天印象。当一个人把电视机打开，看到别人在屏幕里聊天，此时的电视提供了公共交流的场所，使电视机前的观众放松了身心，缓解了压力，减轻了痛苦，这种替代性满足是在看电视这种拟社会人际互动中完成的。

传统的大众传播媒介如广播、电视、报纸、杂志等的传播是单向的，而移动互联网时代的人际交流已经进化到双向互动阶段，如斗鱼直播平台的粉丝给主播发评论、点赞、送礼物，微信朋友圈给朋友的点赞和评论，新浪微博上给好友的评论、转发和点赞。越来越多的媒体成为人际双向互动的平台。

1.2.4　混淆社会边界

在传统社会,由于意识到人的生活、知识与经验都有不同的领域,这些领域都有相对的自主性和独立性,因此私人生活与公共事务、政治人物与平民百姓、男人与女人、儿童与成人会具有相对的独立性和自主性,不同层面、不同边界有不同的规则和标准,边界意识明显。

但是到了大众媒介尤其是电子传播媒介极度发达的时代,"过去社会依赖物质地点作为接触或隔离其他人的首要决定因素,受到了电子媒介的破坏"(美国著名的电子媒介学者梅罗维兹),电子媒介模糊了权威与平民、儿童与成人、男人与女人的界限,混淆了私人和公共场景,促成了社会角色的合并。

以前,社会公认儿童的世界应该是远离"成人问题"世界的。在儿童面前,大人一般不会谈论金钱、离婚和性等问题,现在的儿童通过看电影、看电视了解到其实成年人也会打架,也会把事情搞砸,有时候还很愚蠢,他们可以通过看电影、看电视窥听到所有的成年人话题,现在的他们对于大人的世界比以前看得更清楚、更透彻。

由于电视传播具有具体、生动和体现事件进

展的性质,公共空间和私人空间的界限有时变得难以确定,甚至不可确定。通过电影和电视,很多女人观赏到男球队更衣室、军队、打猎捕鱼等"男人的世界";通过电视,人们可以观察到别人的私人行为,原来的私人情境成了公共情境。2015年以来盛极一时的网红直播,使穿衣吃饭、化装游戏、嬉笑怒骂甚至更加私人化的行为透明地呈现在公众眼前,所有的隐私都处于公众观察之中。

"电子媒介弱化了男性场景和女性场景的观念,特殊小屋或建筑物观念,以及或神圣或世俗的地点的观念。电子媒介改变工作和家的新潜力,可能最终会驱除家庭和公共领地分开的必要性,将男性和女性整合进工作和家庭单一的社会场景中。随着地点或场景联系的结束,男性和女性可能在身体上分开,但在社会上却是一体的,或者是共同隔离在家中,但是与其他社会场景相联系。有了电话、收音机、电视和计算机,家在许多方面成了大世界的一部分,我们仅仅是在其中'居住和生活'。"(梅罗维兹)

电视还把政治英雄降为普通百姓。权威往往建立在一定的神秘感基础之上,而通过大众媒介,我们看到了政治家倦怠的神情,打哈欠的表情,语无伦次、结结巴巴的表达,这些没有经过"编辑"的画面呈现在我们面前,让我们觉得他们也不过是普通老百姓,是和我们一样的人,而不是神。

移动互联网时代,社会边界的混淆程度进一步加深。

在微博上,普京不再是神秘的俄罗斯总统,他是爱狗狂魔,他认不出自己在会议上做的笔记,他是半裸上身钓鱼的休假人。鲜活真实的总统生活,以文字、图片和视频的形式在自媒体上传播,此刻的权威和平民之间似乎没有了边界,总统和平民之间的距离感也在这样的媒体环境中被削弱。

在喜马拉雅、蜻蜓 FM 这些音频 App 里,儿童和成人的边界变得模糊。能简单识字的儿童,都能通过轻松点击,听到"成长大师课:献给孩子的诗情画意""罐头叔叔讲西游记""科学开开门"等儿童故事、科学知识类内容,也能听到"《无罪谋杀》最骇人听闻的谋杀""爹地盛宠,咪咪无节操"等悬疑、言情、恶俗、情感生活类对儿童成长不宜的内容。

在小红书、美妆论坛里,男人和女人的性别边界被模糊,人们也越来越能接受混迹在美妆护肤时尚圈的男人们,美妆男博主的人气丝毫不亚于美妆女博主。在自媒体生态中,男生分享的美妆

教程、护肤种草帖、时尚观点也被爱美的人广泛接受。在这个生态中，不再以性别作为群体的划分标准。

1.2.5 培养了"容器人""旁观者"的人格

"容器人"是日本学者中野收在《现代人的信息行为》一书中提出的。他认为，印刷媒介时代人们的行为和大众媒介时代现代人的行为有许多不同。在印刷媒介时代，人们接收信息是主动的，而在大众传播时代，特别是在以电视为主体的大众媒介时代，由于电视是单向性的传播方式，人们是被动地接收信息。人就像"罐状"的容器一样接收信息，"与外界隔绝"的状态使人与人之间不能进行正常的交流。因此，中野收认为在以电视为主的媒介环境中成长的现代日本人的内心世界就类似于这种"罐状"的容器，每个容器都是孤立和封闭的。为了摆脱孤独状态，"容器人"也希望与他人接触，但这种接触只是一种容器外壁的碰撞，并没有深入对方的内部，他们相互之间都不希望对方深入自己的内心世界，保持一定距离的人际关系成为现实世界的较好选择。"容器人"在对现实人际关系的认知中，特别强调自我意志的自由，对任何权威或来自外部的强制都采取不认同的态度,但很容易受大众传播媒介的影响。"容器人"在日常行为中,特别爱追求物理空间的跳跃和心理空间的移位,希望日常生活也像电视画面那样可以不断切换,从枯燥乏味烦琐中解放出来。

"电视人"概念是由日本学者林雄二郎在《信息化社会:硬件社会向软件社会的转变》一书中提出的。"电视人"是指在电视的普及化过程中出生和成长起来的一代人,他们在电视制造出的使人身临其境的声画环境中长大,因此注重感官刺激和感觉是他们行为的重要特征。与他们不同,在印刷媒介环境中长大的上一辈人更倾向于理性和逻辑思维的行为方式。同时,由于接受媒介的方式不同,印刷媒介通过文本阅读完成,一般需要比较安静的阅读环境,需要较为规范的桌椅,正襟危坐,需要教与学的互动氛围,需要讨论体验的交流场所等。阅读时人处于一种较为紧张严肃的思考互动中,而收看电视时人一般背靠沙发或躺卧床上休闲式观看。由于电视推送的内容图文并茂声画俱现,并不需要多少想象、联想、推理、研讨即可完成观赏体验,所以林雄二郎认为这种封闭、缺乏现实社会互动的环境,使得长期观看电视的人养成了孤独、内向、以自我为中心的性格,其社会责任感弱,成为现实社会的"旁观者"。更有激进的

美国学者认为电视的煽情性和刺激性，使许多美国人退化到了只会"边看电视边吸吮手指"的地步。

无论"容器人"还是"电视人"，都形象地说明媒介不仅通过内容影响人的认知，而且通过媒介工具的环境本身影响和改变人的个性和性格。

人人都能轻松地在抖音上拍摄、剪辑、发布内容，视频分享工具的便利性让人们沉迷其中：上厕所无聊的时候，拿着手机刷抖音；和朋友吃了好吃的食物，拍摄，编辑，发抖音；周末在家赖床的时候，拿着手机刷抖音。各种便利、易操作的 App，看似增加了个人和社会的交流，拓宽了看世界的视野，其实人们已经被锁在了一个个媒介工具中，却浑然不知。互联网上流传着一组照片，题目叫《去掉他们手中的手机》。照片中同样的人、同样的场景，当你把他们手中的手机拿掉后，你会发现他们的行为是如此怪异，没有手机他们就无法交流，无法相处。

一百多年前，加拿大学者伊尼斯在《传播的偏向》中说："一种新媒介的长处，将导致一种新文明的产生。"从印刷媒介到以广播电视为代表的电子媒介再到互联网和移动互联网，每一种新媒介的产生，都会对个人和社会带来新的影响。人类总是通过某种适当的平衡的感觉来适应媒介技术进步带来的环境变化，并产生新的感知和认知世界的方式，创造出新的社会行为以适应变化了的世界。

1.3 边界重建——媒介是一个再造的生态系统

技术的发展创新了不同的媒介形态，不同的媒介形态变化为什么会造成人的认知和行为的改变，造成社会群体的认知和行为的改变？其中的原因在哪？

（1）媒介搭建了"拟态环境"。

"拟态环境"是 20 世纪 20 年代美国著名的政论家李普曼（Walter Lippmann）提出的。李普曼认为，在现代社会中存在着三种"现实"：一是实实在在的"客观现实"，就是真实的世界；二是传播媒介经过有选择的加工后呈现出来的"媒介现实"，即媒介的世界，李普曼称之为"象征性现实"或"拟态环境"；三是存在于人们头脑意识中的"主观现实"，是外部世界的图像在人的头脑中形成的主观世界。

在现实世界中，人们认识大千世界的途径和视野会受到现实的各种约束，一个人肯定不可能经历所有的事件，也不可能看到世界上发生的所

有事情,因此现代社会的人会借助强大的大众媒介去感知和认识现实世界,而媒介在反映现实世界时不是镜子似的再现。记者、编辑甚至自媒体的发布者,由于立场、观点、认识、价值观的不同,会对事实进行有选择的加工重构再加以传播,因此媒介所营造的只是一种拟态环境,但是人们却以为媒介提供的是真实的环境状况,这样,久而久之,人对现实世界的认识就会陷入大众媒介所传递的信息构成的世界中,把媒介塑造的世界即拟态环境当成真实的世界、真实的环境去认识。

2016年里约奥运会举办前,巴西受到了各种质疑,不被看好。场馆没有修好、媒体村基础设施不完善、住宿条件差、帆船项目比赛水域臭气熏天、直通奥运场馆的地铁线未通车……各大报纸、电视等大众媒介争相报道,微博、微信等互联网社交平台上吐槽文章随处可见。里约奥运会甚至被称为"里约大冒险"。

但是,在北京时间8月6日的开幕式后,全世界的媒体抨击和网民的批评嘲讽几乎一夜之间全部消失,媒体报道画风急转,"不可思议""相当完美""惊艳全场""宽容""非凡之城"等词语成为它新的标签。媒体称赞里约奥组委精打细算,跳出奥运"烧钱"的魔咒,拓展出一条新的路径,颇具创意与特色;网民开始对巴西正在经历的经济困境给予关注;国际奥委会也在 14 日给出初步评价,认为里约奥组委"实现了当初的承诺"。从"最low"到"最惊艳"的反转,从"史上最糟"到"总体良好"的评价,媒介塑造的拟态环境引起了舆论大逆转,里约奥运会一夜之间完美逆袭。

事实上无论受众还是网民,对里约并没有身临其境的体会,其认识大多依赖媒介和社交渠道的各类信息。此前各大媒介平台大量集中的负面信息固化了网民对里约奥运会的偏向评价,受思维成见的影响,网民会选择性地接触、理解和记忆与自己看法相一致的信息。在网络"回声室效应"影响下,相近的声音不断重复,进一步强化了网民的既有印象,并以夸张和扭曲的形式重复,造成"本届奥运会不行"的普遍解读。

李普曼解释道:"现实环境总体上太大、太复杂,变化太快而无法直接去了解。我们没有条件去对付那么多难以捉摸、那么多种类、那么多的变换的综合体。然而我们要在那种环境(现实环境)中行动,就必须以一个简单得多的模式来重构真正的环境,然后才能掌握它。"所谓"简单得多的模式",便是通过大众传播来构建拟态环境。实际上,借助各类媒介获取信息已经成为现代人生活

的必要组成部分。北京野生动物园老虎伤人事件、安徽大学生扶老人事件都是在媒介拟态环境中,选择性机制引发舆论连锁反应的表现。

（2）媒介不仅搭建了拟态环境,而且还使"拟态环境环境化"。

大众传播形成的信息环境（拟态环境）,不仅制约人的认知和行为,还通过制约人的认知和行为对客观的现实环境产生影响。藤竹晓认为,大众传播提示的虽然是拟态环境,与客观环境有很大差异,但由于现代社会中人们在很大程度上是根据大众媒介的信息来判断和采取环境适应行动的,这些行动的结果作用于现实环境,便使得现实环境越来越带有拟态环境的特点,以至于人们很难在两者之间做出明确的区分。

传播学的一个经典理论——培养理论认为,大众媒介在潜移默化中培养了受众的世界观。例如大量接触电视暴力节目的受众,对遭受暴力攻击可能性的估计要远远高于实际,也要高于少接触或不接触同类节目的人;例如不同背景下、不同社会群体中长时间看电视的人,他们对社会现实的看法,即"主观现实"都倾向于"媒介现实",与主流意见相似;再如,我国新闻媒介在一段时间里对80后的行为和心理的集中报道,使社会民众对第一代独生子女——全体 80 后产生了负面认识，这一偏见曾经妨碍了 80 后群体与社会其他群体的交流和互相理解。传播媒介提示的"象征性现实"对受众认识和理解现实世界产生巨大影响，不知不觉中，人们把偏见当作现实状况，主观认为这种状况的结果就是真实现实。

柯林斯认为，社会秩序是通过日常生活、习惯和仪式产生的，在情感能量的支持下，集体意识和注意力为社会秩序奠定了基础。在现代社会，人与社会的关系会通过强大的媒介来连接，媒介不仅提供人们认知的环境，同时媒介本身也构成了环境。

2 交织前行
——媒介发展与政治民主营造

在现代社会,关于媒介与政治的关系存在两种观点:一种观点以欧洲的法兰克福学派为主,认为大众传播媒介是权力者控制社会的工具;另一种观点以美国的经验学派为主,认为大众媒介对社会政治存在积极作用,媒介能够在社会协调、权力监督、政治参与、政治控制等方面发挥巨大影响力。

"媒介是民主的力量还是压抑的工具?"或如阿伦特所说的:媒介是交流时发现真理的手段,还是催生新的政治秩序的手段? 也许我们在流逝的岁月中可以悟得一些理。

2.1 互相牵引——媒介与政治渊源深厚

"报纸砍了国王的头,广播剥离了国会的中介作用——现在,我们该说,电视摧毁了政党。"美国传播学家伊莱休·卡茨如是说。

回顾历史,从报纸到广播到电视,传统媒体对政治民主的发展功不可没。

在 17—18 世纪报刊初盛时代,报刊先期成为党派斗争的工具,继而成为争取革命力量的武器,成为政治家、革命家发表言论的场所,不论什么出身的政治家、革命家都能在报刊上"战斗"。

17 世纪末,英国议会围绕国王查理二世的王位继承问题,分成了托利党和辉格党两派。两党都创办了代表自己政治观点的报纸,这些报纸成了政党报纸的滥觞。报纸由政党各自出资,免费赠送给民众,他们都希望能在轮流执政的局面中,通过报纸影响选举,赢得民意,争夺权力。

托利党的主要党报有《考察家报》(1710)、《每日新闻报》(1720)、《艺人报》(1726)等。辉格党的主要党报有《辉格考察家》(1710)、《自由人》(1715—1716)、《自由英国人》(1729—1735)等。两党的报刊会经常刊登抨击对方的文章,由此,报纸开始成为政党制造政治舆论的阵地,成为政治人物的夺权利器,也成为打击皇权、争取政治民主的有力武器。报纸的政论版也成为衡量一份报纸地位和影响力的重要指标。

报刊在给轮流执政的民主政治提供舞台的同

时，也给普通民众带来了政治发声的机会。

1793 年，法国大革命中，法国国王路易十六及其王后先后被送上了断头台。路易十六在位期间，法国专制制度陷入严重危机，宫廷大臣互相争权，社会矛盾极其尖锐，顽固维护教士、贵族的封建特权等级，与第三等级严重对立。人民通过各种报纸——雅各宾派的《人民之友报》、极左派"长裤党"的《杜歇老爹报》、右翼的《法国及布拉班省革命报》、保皇派的《国王之友》等，纷纷代表"民意"表达各自对政治的不满和愤慨。最终在大革命洪流中，在强烈的民意谴责中，国王和王后被送上了断头台。贝纳尔在《刽子手世家》中从行刑人桑松的角度叙述了这一砍头大事：

行刑人桑松很想辞职，却遭遇亲友的反对。作为家族的第四代继承人，他和前辈一样，讨厌"刽子手"这个称呼。既无法改变审判结果，又让自己成了"人民公敌"；况且，如果一个新手，会给受难者带来更多的痛苦，桑松也只好听天由命。

清晨，带着最有经验的助手，桑松出发了。身上是那套象征死亡的著名服装，上面绣着绞刑架和黑色梯子。断头铡已经在革命广场安置妥当，助手试用了两三次，以保证一切正常。

身材矮胖、面色发红的国王自己走上高陡的

断头台。

国王的血被洒向人群,巴黎沉浸在"共和国万岁"的欢呼中。

随后是王后,据说行刑时,她因踩到了桑松的脚而致歉。

接下来是"革命舆论"的代言人埃贝尔……

埃贝尔就是《杜塞诺老爹报》声名显赫的创办人,他是一个煽动家,把大革命当作自己的经营资本,以典型的无产者形象出现在报纸头版上,称国王为"公猪",管王后叫"母猴"。这个现实生活中风度翩翩的高雅绅士,"乐于与贵族们交往,尽管在报纸上他要求将这些人砍头"。不幸的是,他最终成了革命的叛徒和阴谋家,在半晕厥的状态下,被抬上了断头台。

民意得到释放,报纸终于"砍了"国王、王后,甚至革命者自己的头。

后来广播的出现,也成为政治家争取民意的手段。由于广播是通过声音传递信息,突破了报刊对阅读者文化水平的限制,政治家可以通过广播,向任何文化水平、任何阶层的民众传递政治主张;无线电波也突破了空间限制,政治家的发言不再受限于在议会(国会)大厦,可以更直接地面对更为广大的民众宣讲,如果再掌握一些演讲技巧,

富有情感的、亲切的、谈话式的语气能迅速缩小政治家和普通民众之间的距离,在民众中树立极可信任、值得依赖的政治形象。

罗斯福的"炉边谈话"就是用广播争取民意、实现政治理想的典型。

罗斯福就任美国总统时,美国正处于经济大萧条时期,社会危机频发,政府和人民需要交流沟通,利民的政策需要快速发布,但纸媒被竞争对手控制,政治斗争日趋激烈。于是罗斯福决定通过"炉边谈话"的方式直接向人民讲话,鼓励和坚定人民的信心,争取人民的理解和支持,赢得政治斗争的胜利。从1933年3月12日第一次谈银行问题,到1944年6月12日谈第五次战争筹款运动,"炉边谈话"持续了11年多,前后共30次,几乎贯穿了罗斯福12年总统生涯。

第一次"炉边谈话"是罗斯福就任总统后的第8天,他在总统府楼下外宾接待室的壁炉前,接受了美国最大的三家媒体——美国广播公司、哥伦比亚广播公司和共同广播公司的录音采访。罗斯福总统希望这次讲话亲切些,就像坐在自己的家里,双方随意交谈。哥伦比亚广播公司华盛顿办事处经理哈里·布彻说,既然如此,那就叫"炉边谈话"吧。围炉而谈的亲切随和,为罗斯福总统赢得了持续的声望和人气,让他足以在未来的岁月里连任三次,成为政治斗争中的赢家。

20 世纪 50 年代,随着电视的普及,政治沟通的焦点从纸质、广播媒介转向了电视媒介,尤其是受到全国各大电视频道的晚间新闻节目的影响,"将近 70% 的美国成年人选择电视作为自己了解政治竞选信息的渠道"。因此,肯尼迪、里根、克林顿等政治家纷纷利用电视媒介这一手段与民众互动,以表达主张和争取支持。

1960 年 9 月 26 日,美国首次电视直播总统竞选辩论,共和党候选人理查德·尼克松和民主党候选人约翰·肯尼迪的第一次电视辩论由此载入媒介史册。当主持人介绍尼克松时,尼克松将头转向主持人以示问候,但是他忽略了电视机前的观众,而且脸部涂了粉底的尼克松在黑白电视荧幕上显得苍白憔悴;而当主持人介绍肯尼迪时,肯尼迪朝镜头也就是电视机前的观众微微颔首,微笑示意,其阳光自信和对电视机前民众的尊重,给大家留下了深刻的印象。这次电视辩论之后,原本处于票选劣势的肯尼迪反超尼克松成功当选总统。总统竞选当然不是电视选秀,撇开其他因素,不得不说电视的"形象"传达,让民众满足了被尊重的需要,为肯尼迪赢了分。

无论民众还是政治家,使用媒介工具来自由表达人权、民主、平等等思想意识,都源起于法国大革命之前的弥尔顿、卢梭、伏尔泰、洛克等自由主义和社会契约思想家,"言论出版自由,是一切权利中最重要的自由权利"。到了西方主要的资本主义国家立国时期,言论出版自由的思想更是深入政治结构中。美国第三任总统杰斐逊将代表民意的自由报刊视为探索民主政治的伟大尝试,"自由报刊应是对行政、立法、司法三权起制衡作用的'第四种权力'"。这些思想对现代国家建构产生了深刻影响,世界上大多数国家都把言论出版自由写入宪法,大众媒介作为"第四种权力"也成为各国政治环境中不容忽视的力量。

2.2 透镜演化——新媒介时代的媒介政治表现

媒介作为"第四种权力",在政治生活中扮演着重要的角色。

一方面,媒介为民众提供了有效、便捷的政治参与渠道。人们依赖媒介获取政治活动信息,参与选举,了解政治事件。人们在 1945 年 8 月 10 日的重庆中央广播电台的节目中得知日本无条件投降的喜讯;从 1954 年 9 月 16 日开始,通过《人民日报》的全国人民代表大会专题板块,了解党和国家的最新政策、动态和方针;而我们在 2001 年,通过电视知道我国申奥成功。

2016 年美国大选时,美国民众通过电视和网络接触了大量特朗普和希拉里的演讲视频、最新观点,通过 Facebook、Twitter 等社交媒体加深了对总统候选人的政治主张、政治形象的认知。媒介已经成为民众了解政治信息、参与政治过程必不可少的工具。

另一方面,媒介在凝聚社会力量的同时,实现了对政府的监督和制约。媒介围绕某个话题发布大量信息和观点,引发公众的注意,在公众参与互动讨论后形成一定的民意和民声,最终达成公意。媒体利用强大的舆论向政府施压,从而在一定程度上对政府的行为和决策产生影响。

美国历史上著名的"水门事件"展现了新闻媒体对政府的监督作用。1972 年美国大选时,共和党人尼克松爆出丑闻——竞选班子的首席安全顾问詹姆斯·麦科德等五人,闯入华盛顿水门大厦民主党全国委员会办公室,安装窃听器并偷拍相关文件,以获得民主党内部竞选策略情报,五人当场被捕。第二天,《华盛顿邮报》在头版报道了这一事件,引起舆论哗然。但是尼克松本人和团队经过各种努力,欺骗了广大民众,还在当年的总统

竞选中获胜了。可是媒体并没有放弃调查——《华盛顿邮报》派出两名年轻记者伍德沃德和伯恩斯坦专门对此事进行深入调查,揭露"水门事件"黑幕,使这一事件重新被社会各界关注。随后各大媒体纷纷对这场政治阴谋展开报道,一封封匿名信也陆续寄到白宫。尽管尼克松运用各种方法,希望平息舆论,但事件真相还是被还原出来。很快,美国众议院的司法委员会介入,通过了三项弹劾尼克松的条款;迫于舆论压力,尼克松在1974年8月8日辞去了美国总统的职务。

2003年的孙志刚事件就是媒体发挥舆论监督作用的典型例证。《南方都市报》不仅披露了孙志刚被政府执法机关拘禁时被殴而死的细节,还曝光了许多相同性质的案件。这一举动不仅推动了广东省和广州市政法公安机关迅速成立专案组,全力开展案件侦破工作,而且引发了民众对收容遣送制度的大讨论,先后有八名学者上书全国人大,要求对收容遣送制度进行违宪审查,最终促使国务院出台了新的《城市生活无着的流浪乞讨人员救助管理办法》。

随着媒介环境的日趋成熟,媒介的合法性、高效性、公正性等特征,使它成为民主政治建设的有力工具,推动着政治民主的进程,为政治活动提供了更为宽广的舞台。

政治家在媒介发表政治倾向、解释政策主张，赢得民众支持。普京在 2016 年 4 月 14 日与民众进行了 3 小时 40 分钟的"直接连线"，在电视直播节目中回答了 80 个问题，向民众解释国家政策，传达希望大家携手同行的积极情绪。

政治家利用媒介向民众传递自己对解决社会问题的积极性，争取民众理解。奥巴马在 2012 年美国康涅狄格州桑迪·胡克小学枪杀案的电视讲话中，情不自禁地流下了眼泪。其个人对事件的悲痛心情，对枪支泛滥、恐怖袭击坚决打击、绝不手软的政策决心表露无遗。

政治家还根据受众心理需求的变化趋势，在对电视媒介的使用上翻新花样，达到了新的高度。他们在洞察当代受众不仅想知道社会政治信息，更期待政治人物的花边新闻，即信息和娱乐的双重需求后，不再仅仅用电视发表自己的政治言论，还把电视媒介传递信息和提供娱乐两不误的功能充分挖掘出来。

年轻的现任加拿大总理特鲁多因"政治二代"和高颜值备受民众关注。民众对他在各种正式和非正式场合穿的五颜六色的袜子尤其感兴趣。在当地时间 2017 年 5 月 4 日会见爱尔兰总理时，他

穿的是星球大战主题的袜子；在布鲁塞尔北约首脑会议上，他的袜子上印着醒目的北约旗帜，而且是一蓝一粉配对穿的；在多伦多同性恋游行上，他穿上了标志性的彩虹图案袜；在一档名为"Live with Kelly and Ryan"的电视真人秀中，他的袜子图案是极具加拿大特色的枫叶。

特鲁多的很多次电视亮相都因袜子引发民众的关注和讨论，通过电视媒介，用全新的"袜子外交"的形式，取悦自己想拉拢的群体，也代表着他支持多元文化，展现他作为不受传统与习俗约束的新一代领袖的立场。

特朗普主持了 11 年的电视节目《谁是接班人》，在节目中他表现出张扬的自信、不负责任的控诉，甚至在电视上自嘲："湿浣熊和特朗普的头发有什么差异？差异是……湿浣熊没有 70 亿美元在银行里。"连续 15 季的电视节目，在受众心里塑造了特朗普特别的政治形象——不装、随意、亲切，甚至有些疯，彻底将他与传统主流政治人物高高在上的形象拉开了距离。曾担任特朗普政治顾问的罗杰·斯通说："《谁是接班人》是特朗普最大的一笔财产，因为这个电视塑造的形象让特朗普'看起来就像总统'。"不得不说，特朗普通过电视媒体塑造的个人形象对他竞选的成功有极大的推动作用。

在新媒介时代,媒介环境变得更加自由和充满交互性,媒介受众通过各类媒体、软件获取最新、最全的新闻资讯,可以跨越时空进行即时的讨论、评论,从被动接受、信息被控制向主动接受、信息公开透明转变。新媒体介入政治表达后,媒介的宣传策略也从单向宣传输出向服务、互动转变,传播主体和受众的双向交流成为趋势,民众使用新媒体参与民主政治的可选性变多、接触面变广,促使政府治理向更加透明、真诚、真实的方向发展。

在这样的背景下,政治家也开始思考如何布局新媒体,用新媒体构建政治天地。

奥巴马是利用网络竞选总统的第一人。在奥巴马竞选总统时,皮尤民调机构报告称,愿意在互联网上发表言论、分享内容并参与线下活动的奥巴马支持者是麦凯恩的两倍多。仅 2008 年 1 月,奥巴马阵营得到的网络捐款就达到 2800 万美元;到了 2 月份,涌向奥巴马的捐款数高达 4500 万美元。著名新闻聚合平台赫芬顿邮报的"网媒女王"阿里安娜·赫芬顿(Arianna Huffington)甚至这样说:"要是没有互联网,奥巴马或许无法成为总统,或许也根本得不到提名。"奥巴马团队正是看

到了新媒体在政治生态中的影响力,主动积极地和新媒体用户互动,将新媒体对政治的影响运用到了极致,极大地赢得了民意。

2016 年,特朗普和希拉里竞选总统时,正好是社交媒体、网络视频直播、移动媒体、自媒体等诸多新媒体迅速发展、占领民众生活的时代。在这之前,政治家的智囊团只需要考虑在主流媒体上展示什么样的政治观点,在公众场合说什么话、做什么动作;而今对政治家来说,"政治已经不仅仅是一门劝服的艺术,参与者在政治生活中需要考虑风格、出场方式以及市场营销手段,其重要程度不亚于政治内容与问题实质"。

特朗普成功当选总统离不开他在社交媒体上的亮眼表现。

在竞选过程中,特朗普构架起自己庞大的社交网络体系——他在 Facebook、Twitter、Vine、Periscope、Instagram、Snapchat 等社交媒体上都有自己的账号。参与竞选中,他在 Facebook 上的粉丝数接近 400 万人;YouTube 上有 2000 万次观看;Instagram 上的粉丝有 100 万人;Twitter 上有 620 万粉丝,数量超过了 Twitter 的 CEO Jack Dorsey。他自己每天会发数条推文,大谈他对移民、枪支管控、女性问题的看法,尽管他会出现拼写错误,却显得更真实。

特朗普借助完备的社交版图,加上他"率性"的演讲风格,为他赢得了价值超过数十亿美元的免费媒体曝光,为竞选成功打下了坚实的民众基础。

在竞选中落败的希拉里同样善于运用新媒体为自己加分。

希拉里团队在竞选期间推出了助选 App——"Hillary 2016"。这款应用软件实现了类似"总统角色扮演"的游戏体验:游戏出现模拟的希拉里竞选团队的办公室场景,用户可以自己布置环境陈设。这款 App 不仅玩起来花哨有趣,而且信息量很大,点击界面上的标示点,可以直接看到各种信息及相关的链接。"Hillary 2016"创造了总统竞选中技术和沟通的全新方式,其带来的互动性足以证明新媒介在互联网竞选时代的跨时代价值。

社交媒体等新媒介的新玩法,把年轻受众参与政治的兴趣和热情激发出来,进而使他们积极表达政治意见和诉求,参与公共事件讨论,政治家也在互动参与中完成了政治推销。

2.3 责任与界限——新媒介的政治生态

新媒体看似被政治家用作了政治的"营销工具",但它其实影响了整个政治生态,从媒介自身

到表达主体到受众再到整个社会政治环境,新媒体将政治生态塑造成了一个闭环。

新媒介更喜欢"沟通和营销"的政治功能。

传统媒介的政治功能倾向于政治观点的传输。政治家们喜欢用逐渐"精英化"的报纸和专业性的杂志发表政治观点和评论,为了吸引变化的受众,他们也会用一些日益"娱乐化"的形式和民众沟通,宣传政策和政治立场。而新媒体更倾向于"政治营销"的功能。聪明的政治家把脉了新媒介受众,抓住了各种类型新媒体的特征,追随民众热点话题显示自己与民众的"一心一意",玩民众所玩,直播、图像、移动、评论等一样不落,"走下神坛"和普通民众交谈,在"活生生"的亲民过程中输出自己的主张。

在奥巴马时代,白宫首次设立新媒体部门"数字战略办公室",大力推行新媒体宣传策略。在各大社交平台如 Facebook,Twitter,YouTube,LinkedIn 上建立了白宫奥巴马的网页和账户,每天推送新内容,和平台用户互动频繁,设置♯话题;除了传递政策,这些账号还兼具打造奥马巴形象的作用,如分享奥巴马的家庭照片、爱情照片等。

与传统媒体的传播效果不易评估相比,新媒体还帮助奥巴马实现了精准营销的政治理想。奥巴马团队在职场社交网站 LinkedIn 上发布文章《为什么我们认为带薪休假应该是雇员的权益而不是特权》，来铺垫奥巴马提出的"带薪家庭事假"以及"带薪病假"的政策议案；在奥巴马的 Facebook 上上传了一个奥巴马讲述教育计划理念的影片，设置标签 ♯Free Community♯，引发民众对他提出的"两年制社区大学免费"提案的关注。奥巴马团队通过对不同的新媒体的特性以及用户人群特征的研究，将一些政策信息定位精准地推广出去，对政策的实施起到了巨大的推动作用。

新媒介的政治表达主体更加多元化。

新媒介的出现，使传统的政治主体由政府、政治家、精英阶层向普通民众迁移。各类政治主体都可以通过博客、电子邮件、聊天工具、微博、微信等社交媒介，将议题从殿堂之上降至公众可以企及的视野内，谁都能发表言论，从而形成了"社会可以关注我，我可以关注社会"的新的社会审视的事实。①

2007 年，美国赫芬顿邮报发起了 2008 年美国总统大选网上辩论会，自此政治博客开始成为

① 谢进川：《媒介政治社会学分析》，中国传媒大学出版社 2017 年版，第 179 页。

风潮。Twitter，Facebook，YouTube，Google＋，LinkedIn等社交新媒体成为西方民众网络参政议政的新宠。各行各业、各个年龄段的民众大胆使用各种媒体发表政治意见，表达并参与政治请愿、动员等民主活动。"Moveon. org"就是一家旨在发动政治运动和宣传诉求的网站，它的用户包括学生、公司职员、退休工人等分布于各领域处于各年龄段的群体。在充分讨论的基础上，所有成员一起来决策并执行确定下来的活动。Moveon成功地将网络上的虚拟社群转换成线下的强大社会力量。

新媒介使受众政治表达的方式更加直接、有效和多样。

新媒介不仅使人们有了表达政治主张的平台，还使表达形式越来越多样。民众可以自主通过媒体直接发声，和政府官员进行双向交流。2008年美国总统选举过程中，有55％的美国成年人通过网络获取信息，有18％的网民在竞选论坛上发帖参与政治对话。民众参政议政的渠道越来越多样化，参与度和主动性极高的"直播"成为重要形式之一。虽然2016年法国总统弗朗索瓦·奥朗德在参与Periscope软件的在线直播时，遭到了很多网民的不友好评论，"奥朗德辞职""滚蛋"

"我们正处于战争状态""下课"等评论被在线直播出来,在线直播因"差评"太多被迫暂停,但从该事件中我们也发现,民众用新媒体参政议政的介入程度是越来越高了。

从 2016 年"两会"开始,中国国家领导人和网民实现在线交流,在网上"晒"提案、编微博,网民跟帖、"灌水"、"拍砖",参政议政形式多样。据统计,48.76% 的年轻人选择通过微信、微博关注了解代表们,超过 1/3 的年轻人通过自媒体和代表联系过,39.26% 的年轻人认为自媒体是参与"两会"最快捷的手段。可见,身为网络"原住民"的80 后、90 后参政议政的大部分方式被自媒体占据了,而且参政议政的形式也越来越丰富。

受众使用新媒体参政议政,与传统媒体相比,形成的舆论合力更加有力,监督的政治行为范围更加广泛,对政治生态影响巨大。

据研究,美国大选期间每 5 个人中就有 1 人因社交媒体上的帖文而改变自己的支持对象和对特定议题的立场。2003—2004 年选举期间,民主党候选人霍华德·迪恩创造了"迪恩的空间"模式,即通过 Web1.0 的方式(BBS、邮件组等)建立网络小组和线下聚会发展成员,平均 1 名成员影响 10 位选民态度,从而通过 5000 个每组 2000 名

成员的小组,最终赢得了 100 万人的初选支持。网络成为直接表达反馈并形成舆论合力的平台,政治家们都不得不重视网络这个"第五种权力"。

在中国,2018 年 5 月发生的"严书记女儿事件",让我们看到了用户是如何用新媒体的力量进行网络反腐、实现政治监督的。事件一开始,网民曝光了几张群聊截图,内容是有老师误把对某学生的吐槽发到了家长群里,群内署名"严某某妈妈"的女士威胁称"你对严书记的女儿说这话是什么意思",甚至宣称老师已被开除。这一截图在微博、微信等自媒体和群众的私人媒体账号中被疯狂转发,引起了网友的热议。网友发现,"严书记"所在的小区最便宜的房子是 600 多万元一套,"严夫人"疑似至少持有四家公司的股份……最终,四川省纪委监委回应,关注并介入调查,严书记也因涉嫌严重违纪违法被立案审查,并于 2018 年 12 月因涉嫌受贿罪被提起公诉。

新媒介使用的常态化,使社会信息发布的形式越来越多样化,政治表达主体多元化的同时也促进了政治功能的改变,受众参政议政的方式越来越丰富,媒介本身也和大众融为一体参与政治活动。在这样的背景下,政府的一切行政行为都处在公开的状况下,政府行为的每一个细节都能被人民大众知晓并评判,对政府的监督越来越直接,这使得透明政治具有了现实可能。目前中国政府所提倡的阳光政府、透明政府和法治政府也是基于这样的大背景下的民主发展需要。这些都对社会政治环境起着积极促进的作用。

但是,新媒介的政治生态的负面影响也不容忽视。

公民虽然有了更为积极的参政议政的意识与更便捷的参政议政的通道,但他们在表达政治态度时,有时候并不客观理性和纯粹。乌合之众和舆论暴力成为新媒介尤其是社交媒介中不容忽视的严重问题。

Facebook 和 Twitter 是 2013 年埃及民众抗议活动时,人们互相联系的最重要的工具。2013年 6 月 30 日,数百万埃及民众在首都开罗及亚历山大港、塞得港等主要城市举行支持或反对穆尔西的大规模游行示威,反对派要求推翻穆尔西政府,提前举行总统选举。在社交媒体的"帮助"下,埃及的年轻人发起了近 30 年来埃及最大规模的示威游行。在社交媒体匿名的"外套"下,人们并不知道示威者的抗议初衷是不是都是善意的,观点是不是都是客观真实的,但人们的行为在舆论的煽动下变得暴力和激进。最终,抗议活动造成

了千人死亡、千人受伤的惨剧。民众的抗议行为本是对政府的舆论反抗,但在社交媒体渲染的戾气环境下,抗议活动的初衷已经被改变。

政治舆论氛围在不受引导的情况下,很容易往偏激的方向发展。

2011 年 8 月 6 日伦敦骚乱事件的导火索,是一名 29 岁的黑人男性平民在 8 月 4 日被伦敦警务人员枪杀。之后,英国民众开始上街游行。但在 8 月 7 日,事件演变为打砸抢烧骚乱事件,数百名蒙面示威者在一座警察局附近朝警察密集投掷砖块、酒瓶、鸡蛋等物品,参与破坏警车和抢劫商店并纵火。这场骚乱的进展在 Twitter、Facebook 等社交媒体上时时更新,大量恶性信息的传播超过了政府的控制能力,这些信息似乎暗示和鼓舞了更多的潜在骚乱者。于是,缺少判断力的青少年逐步成了示威的主体,而这场骚乱也逐渐向伯明翰、利物浦等城市扩散。社交媒体成为青少年宣泄不满情绪、进行活动动员的平台。在社交媒体的推波助澜下,人人都可能成为失控偏激的主体,新媒体对政治舆论的影响之大已经远远超过了人们的想象和控制能力。

同时,媒介政治化进一步使政治生活的逻辑向媒体运作的逻辑靠拢。媒介的议程设置功能再一次得到极大强化,媒体选择和呈现的头版头条变成了公众心目中的"头等大事",并进而影响政治议程。

　　特朗普在总统竞选期间以及担任总统后的这几年里,一直通过使用社交媒体影响主流媒体。他经常用推文来分散公众的注意力,从而迫使新闻媒体也关注和报道一些非核心事件,忽略更重要的议题。特朗普在就职典礼前宣布将支付2500万美元作为"特朗普大学"欺诈诉讼案的和解费,以平息学员的愤怒。这当然是政治生活中的重要事件,所有的媒介几乎同时报道了该事件。但在第二天,特朗普却在推特上发出对音乐剧《汉密尔顿》的评论,批评该剧演员的举止无礼。这时候,媒体不再报道欺诈案,转而报道特朗普在推特上发布的音乐剧的信息,他成功地将公众注意力从极具争议性的问题上转移开来。别以为八卦小报不过是茶余饭后的谈资娱乐,一个只读《世界新闻报》的读者,跟每天看《金融时报》的读者,他们对"时事"和"政治"的关注和理解肯定不同。如何有效地设计与不同群体受众的沟通方案,引导舆论导向,在遇到政治危机时变被动为主动成为一门"专门性"的学问。

　　新媒体出于传播效果"量级般"考量或其有意

识的企图,还会用极端的言论、偏见、恶搞、花边新闻甚至是虚假信息吸引用户关注,造成政治或社会环境的混乱。

自媒体时代下人人都可以是信息发布者,为了夺人眼球,"标题党"盛行。看看下面这些标题,真是让人大跌眼镜:"房事压力下的都市男女"(谈房价上涨)、"美女参议员支持堕胎"(是"美国的女参议员")、"干了112天终于湿了"(报道天气久旱后降雨)。由于自媒体时代的传播过程中缺少了传统媒体编辑"把关人"这一环,其信息以假乱真,甚至谎言欺骗都盛行起来。

媒体制造"回音室效应",使新媒介的使用者逐渐丧失了独立思考的能力。2016年美国总统竞选前,当时美国的众多主流媒体和社交网络中的共同声音是"希拉里赢定了,特朗普是傻瓜"。此时,希拉里的支持者会形成以"特朗普是傻瓜"为主题的回音室,他们会选择性地看到媒体中支持希拉里的言论和行为,他们会选择性地在社交媒体中看希拉里获得的支持率。他们不断放大希拉里的老练、政治正确等优点,同时也不断放大特朗普的过火言论和黑历史,即使看到希拉里的各种黑料也选择性地忽视。这就是最典型的"政治回音室效应"。

很多内容型的媒体有"个性化推荐"栏目,豆瓣、一点资讯、快手……从文字到视频,都在制造媒体"回音室"效应,用户获得的信息都支持用户现有的知识和观点,用户沉浸在内容的自在感中,却收窄了眼界,故步自封,逐渐失去了理性判断能力。如此循环往复,用户的媒体使用习惯会越来越狭窄、越来越碎片化,媒体的发展则会越来越趋利和肤浅。

3 技术催化
——媒介形态演进与社会经济迭代

从某种程度上说,不断进步的科学技术开发了令人眼花缭乱的新媒介,新媒介不断催生了新产业,而新产业的诞生带来了社会经济形态的迭代,技术给人类社会带来了无穷无尽的推动力和影响力。

3.1 ――匹配——媒介与社会形态的对应关系

对于普通人来讲,对媒介形态变化的感受只体现在具体使用中,如不看电视改刷手机了,不打电话改用微信了,不查百科全书改用百度了,而对于社会来讲,媒介形态变化的影响却要大得多。

表1较为准确地概括了这些因素的对应关系。

表1 技术进步、媒介形态、媒介样式
与社会形态和产业发展状态对应表

技术进步	媒介形态	媒介样式	社会形态	产业发展状态
火的发现	原始媒介	结绳、狼烟等	狩猎社会	
工具的发明和使用	口语媒介	口语、号子等	狩猎社会/农业社会	
	手写媒介	甲骨文、羊皮书、竹简书等	农业社会	
蒸汽机与电力的发明	印刷媒介	书籍、报纸、杂志等	前工业社会/工业社会	出现并独立发展传媒产业
	电子媒介	电影、广播、电视等	工业社会	
互联网的发明	网络媒介	互联网、计算机、多媒体、数字化媒体	信息社会	融合发展的信息产业
移动通信技术创新	移动智能媒介	智能手机、智能媒体	信息社会	高度发展的信息产业

人与动物的区别在于人类发明了语言，有了信息和思想的交流。

在原始狩猎社会，人只能通过动作交流。

文字的产生使人类告别了口语传播阶段，进入文字传播阶段。有了文字媒介，人类文明才得以传承，我们才能把不同时间、不同空间的人类的经验传承下来，与之相匹配的是淳朴守拙的农业社会。

英国哲学家培根在《新工具》一书中提到，印刷术、火药、指南针这三种发明已经在世界范围内

把事物的全部面貌和情况都改变了。印刷媒介的出现，就欧洲而言，它改变了只有僧侣贵族才能读书和受高等教育的状况。一方面，它打破了知识的垄断，为欧洲的科学从中世纪漫长黑夜之后突飞猛进的发展以及文艺复兴运动的出现提供了一个重要的物质条件；另一方面，知识信息的普及，造就了后来欧洲工业社会所需要的劳动人群。可以说，没有印刷革命、印刷媒介的出现，就不会有文艺复兴，不会有后来的工业社会的到来。

18—19 世纪欧洲蒸汽机和电力带来的工业革命，使欧洲社会进入工业化时代。"知识就是力量"推动了印刷机械化，加速了面向大众的以廉价报纸为代表的大众媒介雏形的出现，促进了先进思想的传播。知识的普及率进一步提高，报纸不再只是政党较量的工具，其内容更加广泛，民众基本上获得了自由表达意见的机会；同时，廉价报纸的商业化经营，使广告成为报纸盈利的主要手段，并带动了相关产业的发展。以广告业、印刷业、造纸业及报业为代表的传媒业成为新兴独立的产业并得到蓬勃发展。

对比中国，可以发现技术进步的停滞带来了社会前进的停滞现象。印刷术是中国古代的四大发明之一，早在唐代中国就发明了雕版印刷术，比欧洲早了近 600 年,宋代毕昇发明了活字印刷术,比欧洲早了 400 多年。为什么中国没有出现欧洲的文艺复兴和工业革命?其中一个重要原因是我们在很长一段时间内没有普及活字印刷术,长期使用的还是雕版印刷,长期使用文言文也阻碍了知识在全社会的普及。"万般皆下品,唯有读书高",读书和知识的获得仍然是少数人的活动。因此,中国虽然很早就有资本主义的萌芽,但是我们并没有造就一批接受现代知识文化熏陶的劳动者,从而影响了文化思想启蒙,也影响了国家的现代化进程。直到近代"五四"新文化运动。新文化运动是从改文言文为白话文开始的,它打破了文化传播的障碍,普及现代教育,开办现代媒介,从而影响了年青的一代。因此我们发现,媒介的变革一方面是社会变革的重要推动力,另一方面总是与所处时代的社会经济状态相关联。

19 世纪末 20 世纪初,电子技术的产生和发展实现了信息远距离点对点的传输。留声机和无线电技术的应用、成像技术的突破和传输技术的发展,使信息不再以单一的文字形式存在;大众报刊的普及,电影、广播等电子媒介的出现,以及 20 世纪 40 年代家用电视机的问世,使人类开始进入以生动丰富的视听形式诉诸感观的大众传播时

代。电子媒介不仅为人类带来了远距离的快速传播，而且随着摄影、录音和录像技术的进步，实现了对声音和影像信息的大量复制和传播，也实现了对它们的历史保存。这一切，使过去只靠文字图片传承的文明的内容更加丰富、直观和可信，使人类知识经验的积累和文化传承的效率与质量都达到新的高度，也使人类的信息交流和传播进入了一个全新的信息化时期。

经过 20 世纪后半个多世纪的发展，人类社会已进入了一个报刊、广播、电视等大众传媒高度普及，卫星通信、多媒体、互联网络等新的电子传播技术飞速发展的信息时代。网络技术的出现，极大地拓宽了信息获取的渠道；借助移动通信技术的不断更新，人类信息的获取不再拘泥于固定地点，实现了真正的随时随地的沟通。信息时代的核心是计算机、互联网和数据云端，信息时代"传播就是力量"。在信息时代，人与人之间、人与物之间的关系靠信息传播链接，传播整合世界，人类进入了高度信息化社会。

一部人类的传播史也是技术发展的变迁史：从原始的口头传播到印刷媒介、广播电视，到如今的互联网数字化、移动智能化发展，无不是语言、文字、无线电波、互联网、移动智能终端等介质涌现的结果。而且我们在回溯媒介发展的历史中，可以发现技术的不断发展推动了传播媒介的更新发展，媒介的形态总是和技术进步以及媒介所处的一定社会经济形态相匹配的。

3.2 新增格局——科技公司办传媒

进入 21 世纪，没有哪个产业如传媒业那样遭遇到技术带来的颠覆性革命。从权威到去中心、从垄断到合作开放、从集中到多样化、从垂直到扁平、从内容主导到科技主导，传统媒介从内容生产到渠道传播到媒介经营统统发生巨变。互联网科技公司办传媒就是这一变化的重要现象之一。

互联网高科技三巨头苹果（Apple）、脸书（Facebook）和谷歌（Google）就是典型代表。

三巨头是典型的技术大户。苹果公司由创始人史蒂夫·乔布斯从车库创业开始，从个人电脑的开发和销售起家，现已成为全球最具创新力的集设计、开发和销售于一体的高科技公司。在 2011 年试水 Newsstand 的基础上，苹果公司于 2015 年 6 月推出 Apple News，大刀阔斧地进军传统媒体占主导地位的新闻内容领域。

在全球拥有 20 亿用户的 Facebook，凭借其巨大的用户流量和强大的技术优势，早在 2010 年

8月就推出了名为"Facebook Live"的流媒体直播频道。该频道面向 Facebook 用户,直播公司的名人访谈、新产品发布及其他一些特别活动,充分发挥了社交网站的互动特点,允许用户提问题,发表看法,与访谈嘉宾进行互动交流。Facebook 初试视频内容领域后,于 2015 年 5 月正式推出"Instant Articles"(新闻快读),涉足新闻内容聚合。

Google 绝不甘心只做全球最大的搜索引擎公司,它把它的业务不断地强势拓展到互联网搜索以外的云计算、广告技术以及基于互联网的产品与服务领域,人们在日常生活中总会用到 Google 的某一产品或服务,如地图、翻译、Gmail、Android、YouTube、手机、笔记本电脑、谷歌虚拟眼镜、自动驾驶汽车、智能家居等。当然,它也不会放过内容生产领域,早在 2013 年便推出了一个面向记者的媒体工具 Media Tools,助力记者拓展自己的读者范围。2015 年更是宣布实施"数字新闻计划"的欧洲合作方案,与八家欧洲主流报纸开展合作,"通过技术和创新促进欧洲高质量的新闻生产"。

仔细分析三巨头对内容领域的渗透和进攻,可以发现几个共同的特征。

一是依赖技术特长占领用户体验。

苹果公司把它追求极致科技美学的设计理念

发挥在移动端的数字阅读体验上。"Apple News 结合了纸质杂志逼真的设计感和数字媒体互动感,给人以丰富的体验。"彭博社的 CEO 如是说。用户进入 Apple News,首先感受到的是充满设计感的界面和字体,图片、视频和动画等视觉元素完美地在界面中呈现。其次,用户可以根据自己的个性需求和兴趣定制新闻源,苹果会记录用户搜索过的内容,并主动为用户提供相应主题的内容。

2015 年 5 月,Facebook 推出了交互式媒体内容创建工具 Instant Articles,只要内容合作方把他们的文章直接发布在 Facebook 上,用户在手机 App 上打开一则新闻便由过去的平均耗时八秒提升到不到一秒,不用链接访问原网站,用户即可体验到极速阅读的快感。

如果说苹果公司和 Facebook 都致力于打造极致个体用户体验的话,那么 Google 则致力于为专业的记者用户和"公民记者"用户提供内容制作时的专业感和轻松感。它的 Google Tools 是一个媒体工具。该工具不仅可以提供实时数据,还可以根据用户需求只提供特定地区的数据,而且这些数据已经用时间轴、统计图、地图等方式有序地呈现出来。它不仅帮助记者快速理清杂乱的数据并找到规律,而且能为记者用户提供制作新故

事的主页等功能。Google 工具的目的是以技术力量介入记者、编辑筛选信息和制作信息的流程中,最终将高质量的新闻内容带给读者。

二是依赖强大的流量入口垄断内容入口。

Apple News 要求合作的媒体将文章直接发布在 News 平台上,把自己打造成内容的超级聚合平台,而不是把 News 当作一般入口通过链接导入其他内容平台上。全世界目前有超过 100 家的一流媒体和出版机构入驻 News,如 CNN、纽约时报、彭博社、BuzzFeed、路透社、每日邮报等。2016 年 3 月,苹果宣布 News App 向个人及独立出版商开放,只要他们按照苹果 News App 要求的版式和内容范围向用户提供文字、照片、视频以及音频内容即可。这意味着苹果既想要覆盖大型的新闻机构,也想要包揽自媒体公众和独立出版商。自媒体和独立出版商确实能够提供不少高质量的新闻内容,而且能给一些对主流媒体新闻不感兴趣的年轻 Apple 手机用户提供大型传统新闻机构无法提供的一些小众而冷门的内容,满足其猎奇心理。苹果公司希望利用新闻内容消费,获得在移动端的新增长。

Facebook 的 Instant Articles 也宣布向大型传统媒体提供内容合作模式,随后也向普通公众开放,鼓励公众上传媒体内容。华盛顿邮报、赫芬顿邮报、纽约时报、华尔街日报等都在该平台上发布原创内容。手机用户直接通过 Facebook 服务器加载文章无须再跳转至原新闻网页,可以体验到快速阅读的快感,但这样的加载模式不会为原新闻媒体的网站带来阅读量,更不能引导受众去关注该媒体的更多新闻作品,新闻媒体的用户最终或许会流失,从而使传统新闻媒体更依赖 Facebook。因此新闻媒体对 Instant Articles 有些微词,如 CNN 就不再在 Instant Articles 上发布内容,但多数新闻媒体并没有拒绝 Instant Articles。正如扎克伯格说的,像 Facebook 这样的社交媒体平台需要新闻媒体所生产的内容来满足 20 亿用户的需求,从而获得数字广告收入。同样,新闻媒体也依赖社交媒体提高内容曝光率,并以逐渐建立的收益分成模式增加盈利收入。

传统新闻机构在日益萎缩的读者数量面前,逐渐丧失中心权利,低下高傲的头,任凭科技公司攻城略地,造成这种情况的另一个重要原因是社交媒体平台强大的舆论导向。对千禧一代来说,社交平台是他们获得一手信息的主要渠道,而一手报道的人不一定是大型或传统新闻机构的记者,往往是事发现场的手机用户。

在 2015 年"8·12 天津滨海新区爆炸事故"、2017 年"7·21 杭州餐馆煤气瓶爆炸事故"、2018 年碧桂园杭州萧山项目楼盘工地坑基坍塌事件中,现场的网友都第一时间拍下了很多照片和视频,发布在自己的微博、微信朋友圈中;这些带"露珠"的现场一手信息也成为主流媒体报道的重要内容来源。对移动手机用户来讲,社交媒体自然成为新闻信息的主要来源地;而对传播媒介来讲,社交媒介重组了媒介的生态圈。社交媒介平台对传统媒介的碾压就自然而然地发生了。

2016 年 1 月,微软为 iOS 用户推出了新闻应用 News Pro。它为用户提供感兴趣的文章、故事和其他相关网站,贴心地提供个性化新闻定制服务,而这些内容则从 Bing News 中直接抓取。此外,Twitter,Snapchat,YouTube 等科技公司也都相继推出新闻板块和独立新闻客户端。"改造"抑或"拯救"新闻业,成为互联网科技公司自认的责任。

3.3　迭代纷纷——经济新模式出现

在信息社会,信息就是财富。媒介技术在不断催生新媒体出现的同时加速促成了信息的社会流动,而社会信息的加速流动促使社会财富流动加速。社会财富流动的速度是考量一个社会经济效率和活力的重要指标。目前新媒体产业自我更新换代的速度以及对当代社会经济的颠覆性冲击都是历史上没有过的，其影响的深刻，完全改变了整个社会经济的生态格局。

（1）新媒介塑造新经济形态。

我们先来看小米这个被誉为"创造了社群经济的奇迹"的公司。网上有一段关于小米营销的传奇对话，内容如下。

2011年5月，雷军对黎万强说："你推广MIUI的时候没花一分钱广告费，手机是不是也能这样？"

黎万强问："雷总，不花一分钱广告费，您希望可以卖出多少部手机？"

雷军说："第一年卖100万部吧。"

广告费一分不出，一个新品牌手机一年能卖100万部？！怎么做？

按照习惯思维，大部分传统厂商都是先做硬件，生产手机，在各种渠道投放广告，寻找用户促成购买。大量广告投放需要资金，还不一定有消费者买账。而小米的做法是"构建社群—打造线上平台—引导线下场景—社区运营"，四个步骤精确地概括了小米社群营销的核心做法。

小米从100个种子用户起家，至今小米论坛

上的人数已经超过 3000 万。手机用户、粉丝、手机发烧友、购机意见领袖等聚集成小米的社群；小米为这些社群的人推出多个线上平台，以满足米粉的购买、销售、信息发布和交流等需求，如小米网、小米论坛、MIUI 论坛、各种主题的论坛板块、线下同城会、爆米花活动等自助交流的平台，小米社区的总帖数破 2 亿；为了增强用户黏性，小米主动搭建各种类型的线下平台，MIUI 俱乐部、小米同城会、小米爆米花等以城市为单位，定期组织各种游艺、才艺、抽奖互动等活动，小米提供物质支持；在社区管理中"让米粉管理米粉"，官方团队退而在背后辅助核心用户团队。由此，小米构建起了企业和用户、用户和用户相互依存、相互作用的社群。

在小米的案例中，我们可以发现，新媒介不仅改变了经济信息传播的路径，而且催生了新的经济形态——社群经济。

社群经济是在社群基础上发展起来的一种新的经济模式。这种新的经济模式是建立在关系传播上的。因为社交媒介的出现，人向社交媒介转移，促使经济信息流动的内容和方式也向新的社群转移，出现了依靠社群中人与人之间的关系以及对社群的情感依赖进行商品和服务营销的新经济模式。

类似的粉丝经济、网红经济，尽管提法不同，但都是建立在社群基础上的经济形态。自媒体"同道大叔"以星座话题圈粉，内容涉及星座、动漫、女性、情感等多个领域。截至 2016 年 8 月，"同道大叔"各平台粉丝数总计超过 3000 万，2016 年上半年营收接近 2500 万元，净利润超过 600 万元，其粉丝和内容阅读数一直保持着高速增长的态势，公众号"同道大叔"的头条商务合作报价高达 34 万元，非头条报价也接近 12 万元。

罗振宇创立的自媒体"罗辑思维"，也是托新媒体的福搭建起社群，走上了粉丝经济之路。"罗辑思维"脱口秀每期的平均点击量在 116 万左右，其微信订阅号粉丝数在 2016 年已经达到 600 万，甚至创造了 2.5 万铁杆粉丝自掏腰包，半天入账 160 万元的惊人纪录，有人为"罗辑思维"做过市场估值，称其已超过 1 亿元。

美国网红的商业价值开发，也是用粉丝积累的方式做市场。首先在 YouTube、Facebook、Instagram、Snapchat、Vine、Twitter 上生产有个性标签的、专注于某一领域的内容，积累粉丝，再凭借粉丝数和广告商谈合作。以网红软文报价最高的 YouTube 为例，一篇软文报价按网红的粉丝量排序，粉丝数

10万—50万的报价12500美元,粉丝数100万—300万的报价12.5万美元,粉丝数700万以上的报价30万美元。

新媒介带来了社群链接技术上的可能。基于共同兴趣、情感、人格、口碑、文化和价值的内容吸引,新媒介搭建了众多不同的社群;粉丝、众筹、参与性"智造"、新场景制造、实时响应等行为的出现,使消费者和企业可以采取一致的行动。媒介在成功拦截和积累了用户的注意力之后,采用"二次售卖"的方式再次实现商业价值,即用流量基数变现,而且消费者和企业在变现的过程中都可能成为创新商业的推动者和投资者,社群经济的出现重组了社会的经济形态。

(2)新媒介促成商业模式迭代。

商业模式,用通俗的话来说就是你做什么生意,凭什么赚钱。文具公司卖笔、纸、订书机等产品赚钱,服装公司卖各种各样的衣服赚钱,咖啡店卖咖啡赚钱,快递公司送快递赚钱,而网络公司通过点击率来赚钱。公司通过什么途径或方式来赚钱,就是其商业模式。

哈佛大学约翰逊(Mark Johnson)教授等三人共同撰写了著名的《商业模式创新白皮书》,该书认为构成一个商业模式有三个最基本的要素:客户价值、企业资源和能力、盈利方式。三者构成三角模型。

"客户价值"是指在一个既定价格上，企业向其客户或消费者提供什么服务或产品，能给消费者带来什么样的意义。只有提供独特价值的企业才能成功。

"企业资源和能力"是指为了实现对消费者的意义承诺，企业用来生产这些产品或服务，支撑具体的经营模式的核心资源和能力。只有与众不同的资源和能力才具有竞争力。

"盈利方式"是指企业通过什么盈利。有独特价值、能创造生态圈的企业才能成功。

随着技术发展和人口变迁，商业模式在不断更迭。从招商加盟连锁模式到 O2O 模式，从"饵与钩（Bait and Hook）"模式［即"搭售"模式：基本产品的出售价格极低，通常处于亏损状态，而与之相关的消耗品或是服务的价格则十分昂贵。比如说，剃须刀（饵）和刀片（钩），手机（饵）和通话时间（钩），打印机（饵）和墨盒（钩），软件开发者免费发放文本阅读器等］到免费模式（实际上羊毛出在羊身上，免费模式给企业带来客流量，聚集了人气，有助于品牌的传播，由第三方买单）到硬件＋软件模式（苹果以其独到的 iPod＋iTunes 商业模式创

新,将硬件制造和软件开发进行结合,以软件使用增加用户对硬件使用的习惯性和依赖性,iOS 系统在手机端承载这些软件并在不断升级中实现销售增长),新的商业模式不断出现。

在移动新媒介下,商业创新模式更是不断被刷新。

"新媒体＋电商"模式是现阶段最普遍的新媒体商业模式。新媒体依靠流量优势,将受众转换成消费者,利用新媒体锁定的社群用户,提供该社群用户感兴趣的、需要的商品,从而实现媒体和商业的结合。微信自媒体"一条",利用互联网早期的流量红利,积累了 2000 万受众;在短视频爆发时期实现了广告和电商的快速变现,单月流水过亿元。电商"一条"的一头是数以亿计的中等收入群体,另一头是针对中等收入群体布局的产品品牌,通过对受众的精准洞察和定位激活社群购买力。电商红人"雪梨 Cherie"依托自身 496 万微博粉丝,成功用"新媒体＋电商"的模式实现了变现。据统计,她的淘宝店在 2017 年双十一的深夜两点左右就实现单店破亿元,变现能力不容小觑。

而传统媒体也试水电商领域,以多年经营形成的影响力和公信力卖商品。2013 年,《华尔街日报》创办在线销售平台 The Shops,出售由《华尔街日报》团队从各大时尚电子零售商中挑选的服饰、化妆品、书籍和科技用品等;2014 年,新京报、京华时报等 12 家媒体与阿里巴巴合作,联合推出"码上淘"业务,读者可以扫描报纸杂志上的二维码购买商品。

"新媒体＋内容"模式,通过有价值的、独特的内容生产优势,赋予自媒体个性化的标签,使其获得大量粉丝,并最终成为现象级 KOL(Key Opinion Leader,关键意见领袖),用流量优势从广告营销活动中获利。这类商业模式在价值主张上下了很大功夫,或是用犀利的、最新的、话题性的内容吸引受众关注,或是向受众提供生活、学习、工作上最实用的信息,或是提供个性化、差异化的生活消费解决方案,吸引用户。最具代表性的就是"第一网红"Papi 酱。Papi 酱本身就是现象级 KOL,微博粉丝数近 3000 万,公众号粉丝数百万,自然受广告主青睐。2016 年 4 月,Papi 酱的个人首个短视频广告以 2200 万元的成交价被"丽人丽妆"拍下;2017 年 Papi 酱视频广告收入超 3000 万元。再比如吴晓波频道,利用社群领袖的号召力,2015年在线上发售"吴酒",不到两天销售 5000 瓶。

拥有纯正互联网媒介血统的 IP 也会通过成功搭建粉丝和商业之间的桥梁,实现流量变现。

与微信功能相似的即时通信工具 LINE，是一家估值 55 亿美元，一年靠表情包就能赚 18 亿美元的公司。这是韩国互联网巨头 Naver 为日本市场开发的即时通信工具。LINE 把表情包当作 IP，且收益处于持续增长中。这些收益，部分来自线上用户直接为表情包付费，也包括把表情角色做成动画剧集而获得的收益。LINE 以这些角色为基础开设的线下店也瞄准了用户的钱包，除此之外，LINE 还为第三方表情包制作者提供实体商品化服务。

LINE FRIENDS 在 LINE 上凭借可爱的形象和卖萌表情设计，在线上表情商店售卖创意表情。2015 年，LINE 贴图表情的销售额达到了 2.68 亿美元（287 亿日元）。在收获了线上用户、完成了第一轮的粉丝变现后，LINE 开始制作以 LINE FRIENDS 为主角的多部动画短片。小剧场动画 LINE OFFLINE（《上班族》）以 LINE 品牌形象穆恩、布朗、可妮、詹姆斯等为主角，每集 5 分钟，共 114 集；儿童动画 LINETOWN，每集 30 分钟。这些动画片在东京电视台和网络上播出，获得了 LINE 的使用群体的关注和喜爱。借用传统媒体和互联网媒体将表情包 IP 化，最终 LINE FRIENDS 走向线下实体销售，开设主题商店，从日本逐渐向全球扩张,到目前已在全球开设 44 家店铺。LINE FRIENDS CAFE & STORE 既包括纪念品商店,也包括主题咖啡店,里面售卖 LINE 贴图形象的毛绒玩具、文具和餐具等周边商品,并提供餐饮服务,而且还和知名品牌合作推出各种联名新产品,成为各个品牌的营销内容合作方。新媒体的内容价值成为商业竞争中的极大优势。

"内容算法＋广告"模式是依托科技构建的新媒体商业模式。谷歌是最早的"算法导向媒体"。2002 年,谷歌推出的谷歌新闻开启了算法新闻的大门;在中国,"今日头条"是最典型的算法模式新媒体,用户看到的内容是利用"系统推荐原理"计算以后,通过内容分析、用户标签、评估分析、内容安全等原理实现精准到达的,从而实现巨大的流量和用户依赖性,最终实现"内容算法＋广告"的新媒体盈利模式。

随着技术的不断突破,新的商业模式也在不断地被创新。

平台商业模式用数字技术直接匹配买卖双方。如 Airbnb、滴滴等,催生了新的雇佣模式。

客制化 2.0 模式用"按需定制"取代"库存模式",如 Opendesk(设计家具集合网站),数字技术有可能终结传统制造业。

"随你付"自定模式指客户自定价格替代商家定价的方式。如游戏网站 Humble Bundle,卖方盈利的关键在于打动消费者,使消费者认为值得付钱。这对新产品和服务的市场检验非常有利,还能在数字领域和实体领域吸引更多客户。

现代易货模式指利用数字货币进行商品或技能交易。如 TimeRepublik 的用户通过完成任务获得"TimeCoins",将其花费在他们想要的服务上。

超本地化模式指所有产品或服务组件在本地进行采购和组装,在本地销售。如 Kernel Brewery 啤酒厂就采用超本地化模式运营。

(3)新媒介促成新行业的诞生。

成立于 1995 年的亚马逊,是世界上最早开始经营电子商务的公司之一。原来只经营网络书籍的亚马逊,现在已成为全球商品品种最多的网上零售商和全球第二大互联网企业,其触角伸向各个经济领域,渗透人们的生活点滴。最新研究报告显示,如今的亚马逊对美国经济的影响之大,已经远远超过了一般人的想象。半数美国居民是亚马逊 Prime 会员(Amazon Prime),在所有的网购行为中,有一半是直接从亚马逊开始搜索的,而且用户在亚马逊上的消费金额占美国全部网购金额的一半之多,也就是说,美国网购者每花费 2 美元就有 1 美元是在亚马逊上花掉的。

亚马逊营造了一个 Prime 会员生态圈,它通过特殊折扣和价格优惠策略,吸引更多人成为 Prime 会员。比起谷歌,现在美国购物者更习惯直接用亚马逊搜产品,看评价。一旦亚马逊成为首选,他们甚至懒得与其他平台比价,而且为了体验 Prime 会员的便利服务和感官价值,即使花费更多也心甘情愿。亚马逊的生态系统使用户会尽可能地通过亚马逊平台解决各种生活所需,让用户再也离不开亚马逊;同时亚马逊不断完善用户的购物体验,逆天的 Amazon Go 线下超市、无人书店等项目大招频出,它正有条不紊地绘制自己的商业帝国版图。顺便说一下,亚马逊还是《华盛顿邮报》的所有者,目前正在讨论未来太空旅行等开发计划。

像亚马逊这样与传统行业完全不同的电子商务行业,正是基于互联网平台诞生的。没有网络,就称不上是电子商务,就完成不了电子化的商业活动。网络媒介技术催生了新的商业平台,催生了新的行业。

至于阿里巴巴对中国商业的影响就更不用提了。阿里巴巴主要的业务板块涉及电子商务、蚂蚁金融、菜鸟物流、大数据云计算、广告服务、跨境

贸易服务以及其他互联网服务,还包括投资的医院、学校、娱乐城等。研究者认为,阿里巴巴的成功是中国互联网经济的成功。

有研究表明,互联网及移动媒介是15类日常产品和服务消费信息的主要提供者,是用户获取商品和服务信息的主要渠道,如购买IT数码产品64.7%、招聘求职59.8%、旅游59.6%、家电产品53.2%、教育培训学习51.4%的信息来自互联网媒介,56%的美国人选择互联网作为首要的新闻来源,而选择电视的比例为21%,选择报纸和广播的是10%。可见,互联网在发达国家也是用户最主要的信息媒介来源。所有商业的最终目的是发现客户在哪里,并以合适的方式让客户感受到产品和服务的价值。媒介技术的进化,受众获取信息渠道的转移,都在倒逼新的行业出现,来满足受众或者说消费者的需求,无论媒介形态、商业模式还是新行业的出现,都是顺应时代技术、顺应用户巨变的结果。

4 社会驱动力
——媒介进化与社会文化多元塑造

人类社会的发展离不开文化的继承和创新，文化的传承需要以一定的媒介为载体，对经验和知识加以记录、积累、保存并流传下去，后代再加以创新、发扬光大，人类社会就这样周而复始，代代相传。

4.1 因通而变——媒介在文化传承中的功能

早在 1948 年，传播学家拉斯韦尔就提出，人类传播有三项基本的社会功能，社会遗产传承功能是其第三个功能。从古老的造纸术，到如今的移动新媒介，媒介的进步为文化的传承提供了无限的发展空间，历史文化经过传播媒介的一次次洗礼，得以血脉延续，生生不息。

英国著名的文化理论家威廉斯对文化有一个广义的定义：文化是指某一特定的生活方式，它可

以是一个民族的，也可以是一个时期的或者是一个群体的生活方式；文化是指智慧精神和美学的一个总的发展过程；文化是指智慧特别是艺术活动的实践和成果。简单地说，文化是一个特定历史时期人们的物质生活或精神生活的总和。

媒介对文化的传承可以是纵向时间上的传承和物理空间上的传承，具有历时性和共时性两个特点。媒介通过文字、声音、图像、影像等相对具体的、可保存的物质性形式，使具有时代烙印的文化得以在空间维度和时间维度上长时间展示和保存，并在历史长河中、社会成员中传承下去，扩散开来。

价值观念可以通过书籍传承。老子的《道德经》认为自然宇宙源于"有物混成"，且独立自存，存活于其中的人类最应学习的就是宇宙万物的本质；庄子的《南华经》把从人的自我修养到面对整个社会国家的处世之道的价值观教给后世之人；《三字经》将我国传统文化中的人伦义理、忠孝节义、"仁，义，诚，敬，孝"教给世世代代的中华儿女。在西方，《苏菲的世界》在今天还在告诉人们要充满求知欲，对世界、对生命要心存敬畏；《20世纪思想史》让现在的人类记住"思想观念是社会变革的先导"；《理想国》记录了理想国家的构建、治理和正义,让人们了解到在政治、教育、伦理、哲学等多个领域需要构建什么样的理想状态。

生活方式可以通过电视媒介传播传承。纪录片《舌尖上的中国》传承了中国饮食中春耕、夏耘、秋收、冬藏及天人合一的东方哲学,传承了中华儿女在饮食背后对于生活的真正追求,更传承了中国文化中的浓郁情感、生活智慧和人文传统。片中的美食间接反映了每一个地区、每一代人的生活方式——香格里拉山林里采松茸的母女、嘉鱼县珍湖的300个职业挖藕人、新年打年糕的宁波人、福建霞浦种紫菜的农民……《舌尖上的中国》以美食为切入口,用电视纪录片的形式记录了中华大地上形形色色的生活方式。

文学艺术可以通过口口相传到书籍记载到电影电视传播再到新媒体传播。2017年大热的电视节目《中国诗词大会》,唤醒了人们对中国诗词的热爱。节目中"百人团"的成员来自不同地区,拥有不同的职业,处于不同的年龄段,使观众感到亲切、自然;它在网络传播造势过程中和人物话题营销中,用新颖的方式让人们接触到最精华的内容。近几年,以《中国诗词大会》《中国成语大会》《汉字英雄》等为代表的一系列文化类综艺电视节目,都在传统文学艺术的传播上发挥了新作用。

过往社会的特色和风貌甚至可以在新闻媒介中得以展现和留传。翻阅 20 世纪 20 年代前后刊登在上海报纸、杂志上的图片广告可以发现：那一时期的广告图片中都有烫短发的时髦女郎，国产品牌和国际大牌都在用大量"美丽牌"女郎图片做广告宣传。我们能从中感受到当时被誉为"东方巴黎"的上海之时髦开放的文化氛围，也能感受到当时海派经济的繁荣，上海外滩的万国建筑群更是见证了百年上海的荣华兴衰。

传播媒介在社会历史文化传承中起着重要作用。无论中国五千多年的发展历史，还是西方悠久的文明发展过程，一代代积淀下来的文化精髓浩瀚无边，积累、保留和持续传承这些浩繁、复杂的文化，需要传播媒介作为文化载体。历代不同传播媒介的存在，使得文化的持续传承成为可能。造纸术的发明使文化的记载清晰可见，印刷术的出现使文化的传播进入一个快速扩散的新阶段，广播电视的出现使文化的传播声情并茂并得以突破时空限制，互联网和移动媒介的出现使文化流传进入一个前所未有的快速互动、主动体验的新时代。

以国宝为题材的电视节目并不少见，《国宝档案》《华豫之门》《鉴宝》都是以平实叙述的风格传承中国传统文化的电视节目;而《国家宝藏》则进行了大胆创新——用综艺的形式、沉浸式的体验和互动方式成功吸引了人们对中国传统文化的关注。在《国家宝藏》中,文物的故事不是被"讲"出来的,而是被"演"出来的,由明星扮演历史人物,通过小剧场形式演绎文物背后的故事。豆瓣评分9.3,相关视频在B站被弹幕刷爆,在微博上有极高的讨论热度,这些都证明了它的成功。《国家宝藏》凭借新颖的表现形式和年轻的语态,激发了年轻人对中国文物、中国故事、中国传统文化的热爱,并让其担起了传承的责任。传播媒介的发展使得人类文化的传承方式不断创新,使文化的魅力经久不衰。

传播媒介的发展促使文化融合和创新的不断出现。文化不是静态的,人类文化是一个不断流动演化的过程,一切文化都是在媒介传播的过程中得以生成发展的。媒介技术的发展,文化信息的交流普及、扩散加快都促进了各种文化的融合。从古代的陆上丝绸之路和海上丝绸之路到近代的欧洲传教士、洋务运动、"东学西传"和"西学东渐",再到今天的"一带一路",人类创造的不同文明及其相互间的对话沟通从未停息过,不同国度、不同文明凭借各自的历史和传统,借助不同时期

的传播媒介,参与了各个历史时期的文化构建,又在整体上共同推进了人类文化的辉煌进程。

4.2　离散化生存——媒介文化对社会的影响

从媒介进化过程的角度看,报刊通过文字和图片的形式传承社会文化,广播通过音频的形式传承文化,电视通过声音和影像的形式传承文化,互联网和新媒体则通过文字、图像、音频、视频等媒介融合的形式进行社会文化的全记录和泛传播。

在对社会文化传承的过程中,媒介也形成了自己的媒介文化。所谓媒介文化,就是指因大众媒介的社会影响而产生的一种文化形态。由于现代媒介的样式非常丰富,媒介文化也以不同的媒介形态呈现,如书籍文化、电影文化、电视文化、网络文化、新媒体文化等等。

大众媒介文化在当代社会文化中影响巨大。英国学者约翰·汤林森一针见血地说:在现代社会中,生活日渐分裂而片段化,此时,大众媒介的巨大身形无处不在,已经使得其他更为悠久的社会传播工具徒具边缘的身份,……人们尚且能够保持一个社会的整体感觉,觉察他们与社会的关系尚且存在的主要渠道也就只剩下大众媒介了。

由于大众媒介的形态演进是和媒介技术的发展紧密相关的，技术发展应用越来越简单、普及、低门槛、易接受，也使得大众媒介在传播文化的过程中逐渐走向低知识化、视像化、简单易懂的发展路径。在纸媒时代，一个人要通过看书看报获取社会信息，必须有基本的识字阅读能力；而在广播、电视、新媒体时代，文盲也可以通过看电视快速获取社会资讯、听到世界名著，社会文化可以通过视频、图像、音频等各种各样的形式扩散，于是大众媒介所承载的文化也就越来越低门槛化。

现代大众媒介是伴随着当代工业技术、电子技术和数字技术进入当代大众文化的生产领域的。大批量生产，市场化运作，特殊的消费文化形态，以都市大众为目标，以及社会大众大规模共同参与，形成了具有商业性、流行性、娱乐性和普及性的大众文化。

而大众文化一旦形成，就会对社会产生不容忽视的影响。

我们以大众媒介塑造的"明星"影响为例。

"明星制"是 20 世纪初好莱坞创立的一种机制。最初它只是强调以演员（明星）为主，电影本身为辅的商业手段，借明星号召力获得更多观众。大家熟悉的好莱坞早期女星葛丽泰·嘉宝、玛丽

莲·梦露、奥黛丽·赫本、伊丽莎白·泰勒等都是这一时期的代表。为了借助明星的个人吸引力促进电影票房,制片商的所有工作都围绕着明星展开,比如剧本编写、角色分配、服装、道具、布光方式,以及发行部门的广告宣传策略,以使明星的形象更加光彩照人,有更大号召力。

到了20世纪50年代,为了持续塑造明星星光熠熠的形象,电影杂志也成为美国一种流行的明星形象载体,用以吸引影迷;20世纪70年代以后,除了主流杂志如《人物》和《我们》以外,一些电视节目如《今夜娱乐》和《别出心裁》等也加入造星运动,甚至在新闻节目(如早间新闻节目和晚间新闻节目)以及脱口秀节目中也会为一些初出茅庐的明星创造"追星一族"。

持续不断的造星运动形成了独有的"明星文化"和"明星经济"。好莱坞明星文化的社会影响巨大,明星在银幕上的生活方式容易让全世界的影迷或观众误认为这就是真实的美国生活,而电影在向观众提供"感受"美国生活的机会时,隐性地传达了美国的价值观和生活观念。观众不仅在情感上有了幻想的倾情对象,在生活中也有了时尚仿效的对象,少男少女们模仿电影中男女主人公的着装,仿效明星的言行举止。女性在20世纪三四十年代以梦露的性感为美,在六七十年代以敢于表达自己的政治观点的简·方达为榜样,而现在又开始以主张和平与热心公益的安吉丽娜·朱莉、以公开宣称自己是女权主义者的碧昂丝为仿效对象,从这些不同时代明星身上的不同标签中,可以发现明星文化的渗透影响。

明星文化流行的同时,也顺利地促进了电影票房收入和美国文化时尚产品的出口。在电影黄金时代的 20 世纪三四十年代,美国平均每年电影出产量就达 500 部,平均每周有 8000 万人次去看电影,这个数字在现在来说都是罕见的。黄金时代的经典作品《乱世佳人》,在其发行的第一年就取得了 7500 万美元的票房收入,相当于今天的 100 多亿美元的票房(考虑到通胀因素),是《阿凡达》的近四倍。

流行音乐的天王巨星迈克·杰克逊在停摆多年后宣布于 2009 年 7 月 13 日复出并举行全球巡演,50 场音乐会门票被忠实粉丝一抢而空,但迈克·杰克逊 6 月 26 日猝死,造成主办方 160 亿美元的巨额损失。《福布斯》公布 2010 年已故名人收入榜,杰克逊在去世后一年里总收入达到 2.75 亿美元,位居已故名人收入榜首位,其中有 7200 万美元是在 6 月逝世后至 10 月的 4 个月里赚到

的。收入来源有：

网络超过 550 万次的下载，其中有 9 首歌下载量超过 10 万次，16 首歌超过 5 万次。

专辑销售 900 万张。

电台在他去世后的两个星期内，播放他的歌曲超过 10 万次。其逝世后 3 天内，*Billie Jean* 被播放了 4500 次。

索尼出品的演唱会纪录片《就是这样》，两天的票房收入就达 440 万美元，预计收入超过 3300 万美元。影片在北美约 3500 家影院上映，全世界共有 99 个国家和地区同时上映了该片，其总拷贝数达 15000。

Sony/ATV 唱片版权当年市值 1.7 亿美元。

其自传《月球漫步》由兰登书屋再版。

明星的影响力何止在个人及其背后的机构收入上，史上最成功的高尔夫球星之一——"老虎"伍兹，2009 年 11 月 28 日因"车祸门"爆发，被所有媒体和广告公司封杀。但在半年后，经过精心的公关策划，"老虎"伍兹要在 2010 年 2 月 19 日通过电视和网络向全世界做 13 分钟的致歉演讲，希望通过致歉复出。当天华尔街股市在"老虎"伍兹演讲前的 5 分钟里还有 5.7 亿股交易，但在其演讲第 1 分钟时，华尔街股市的交易量下降至不到 100 万股,因为很多人要停下来倾听"老虎"伍兹的致歉讲什么! 13 分钟的演讲结束后,众人才回过神来,重新开始股市交易,交易量慢速回升到600 万股,明星影响力由此可见一斑。

到今天,"粉丝"替代了"追星一族","粉丝经济"替代了"明星经济"。

美国文化研究学者劳伦斯·格罗斯伯格曾说过,"粉丝"以媒介产品和媒介名人确认自己的身份,所以在一定程度上可以说媒介产业带来或者放大了粉丝经济。对某一事物或某一偶像的着迷会把同类受众聚集在一起,他们追捧自己感兴趣的明星,利用大众媒介、自媒体、各种新媒体产品追求自己执着的一切事物,媒介为粉丝追逐明星提供了看得见、摸得着的机会。

面对个性化的 90 后、00 后,新媒体的"造星活动"与传统媒介的追星运动走的线路不同。

明星要有个性化"标签"。假设一个女明星的"标签"是时尚,她身上的媒介生态圈应该是这样的:在微博、Twitter、Instagram、Facebook 上发布参加巴黎时装周的美照和心情文案;参加美妆护肤时尚类的综艺节目;参演的电视剧和电影中的角色应该是都市时尚形象;代言的产品要与时尚有关;经常登上 Vogue 等时尚杂志;入驻"美拍"

"小红书"等内容潮流的 App……女星倪妮的"最会拍照女星"的称号是基于微博上分享各种旅拍美图后形成的个性标签;男星黄磊会做饭的居家男形象是基于其微博上分享的各种在家下厨的图文构建起来的。明星的包装策略、公关策略都需要通过媒介生态圈围绕个性"标签"进行打造和传播,在这个过程中自然形成个性化标签化的明星文化,形成圈子化粉丝群,粉丝参与互动,买单就是迟早的事了。

明星要有一个和粉丝互动的生态圈。与传统媒介塑造的高高在上、让追星族仰视的偶像明星不同,新媒介下的明星偶像形象是积极可亲的。《偶像练习生》是爱奇艺打造的中国首档偶像竞演养成类真人秀。它成功的重要原因就是爱奇艺的宣推团队通过自媒体构建了一个明星和粉丝的互动生态圈。每位选手都建有个人粉丝站;宣推团队为其打造包括微博、微信、Twitter、Instagram、Facebook等国内外平台的粉丝生态圈,包括后援会、图片博、安利站等细分功能;联合粉圈力量制造微博热搜话题;等等。据统计,它的八期节目的总点击超过 30 亿次,平均单期的播出量为 2.5 亿次,微博阅读接近 80 亿次。可以说,没有自媒体,就没有如此成功和大规模的粉丝流量。

　　新媒介下衍生的粉丝经济形式更加多样且影响广泛。在自媒体、微博、知乎等新媒体上基于"关注"关系而产生的泛内容产品都可以概括在泛"粉丝经济"概念里。杭州现在已形成的网红电商产业链中，网红们在微博上日常晒脸晒吃晒玩，穿着各式各样的衣服拍照，闲的时候和闺密喝喝下午茶，塑造名媛公主生活，同时分享美妆、穿搭等美图和视频内容，圈住了一大批和自己有相同兴趣爱好的粉丝；吸引一批粉丝之后，在微博上帮别人打打广告，之后开设淘宝店，回归电商主业。网络红人张大奕 2015 年的收入为 4600 万元。2018 年 6 月 1 日，她的美妆天猫旗舰店上线，零点后 40 秒，全店销售额破百万元，9 小时产品售罄率达到 80%；她的淘宝店更是 2018 年淘宝"双 11"购物节上第一家销售额超过亿元的。惊人的收入背后，靠的都是粉丝。

　　现在的流量明星们是用粉丝圈钱，变现能力惊人。曾经创下 20 亿元票房的"小时代"系列电影是明星用粉丝圈钱的鼻祖。现在流量明星们靠接广告快速变现。以 TFboys 为例，360 手机助手签约 TFboys 后，三天下载量突破 100 万；王源代言 H&M 后，H&M 入驻天猫当日涌进了 300 万访客，当天王源同款 H&M 服装上线后瞬间被抢

光。2018 年最火的综艺节目打造了男团 NINE PERCENT。该节目自开播以来,在爱奇艺上的播放量达到了 25 亿人次,跟节目相关的内容共登上热搜榜 292 次,♯偶像练习生♯话题阅读量超 127.4 亿次,刷爆了各大社交媒体。如此巨大的影响力直接给 NINE PERCENT 带来了首个广告代言 1200 万元的收入,使其获得了悦诗风吟、必胜客餐厅、农夫山泉等知名品牌的广告代言。粉丝经济的变现能力似乎已经达到了顶峰。

娱乐圈检验一个明星是否当红的标准就看他们的人气和热度,有了人气和热度,商业价值才会高,才会有更多的品牌商找上门。大众媒介和新媒介塑造的媒介巨星、网络红人,引发了粉丝的狂热追随,放大了粉丝的力量,不仅形成了巨大的大众文化影响力,也带来了巨大的商业价值。

4.3 谁在消解文化——新媒介的多元文化特性

随着移动社交媒体、直播应用、智能手机等自媒体、新媒介的出现,所有媒介的定位向更加精准、小众、个性、差异和社群化的方向发展,文化也有由主流的大众的文化向多元的亚文化转移的趋势。

主流文化或亚文化实际上是一种身份认同。

第二次世界大战后，早期英国的"泰迪男孩"、欧洲的嬉癖（Hippies）、欧普艺术（Op-art）与普普艺术（Pop-art）、"Unisex dress"等都是亚文化的代表。他们以与众不同的服饰穿着，以听摇滚音乐、欣赏先锋的野兽派审美，以颓废或另类的生活趣味来表达自我别具一格的价值追求。他们通过这些"独有的气味"形成自己的圈子，街舞爱好者、摇滚青年、嬉皮士、雅皮士、兽迷、御宅族等各自占据一隅。所以也有人说亚文化的本质是场景文化，是因共同兴趣和共性聚集在同一场景下的文化行为。

个性化的新媒体对亚文化的塑造有强烈的催化作用。社交网络带来的社交平台在满足人们最初的泛交友社交需求后，已经开始向类型化细分聚集靠拢。各种类别化社交平台的产生，如以Facebook为代表的泛交友类平台、以Instagram为代表的图片类平台、以Pinterest为代表的图片社交网站、以小红书为代表的电商类平台，甚至更为细分的以LinkedIn为代表的职业类平台就是例证。这些社交平台借助技术力量，细分用户需求和兴趣点，找到了建设各种类型集群的最好时机。

同样地，新媒介技术对时空限制的突破使具

有各种文化趣味的人可以快速找到相同"气味"的伙伴。人人都可以在新媒介的支持下主动大胆自由地表达自己的特殊爱好、感受和价值观；新媒介技术的低成本和低门槛使亚文化在各类别社区中可以任意链接，迅速集结成社群，它为亚文化人群提供了极好的互动场所，催生了多种亚文化集群景观。

新媒介催生了专门的亚文化媒介，为亚文化提供了强大的聚集、扩散、互动、传播的场所。

亚文化媒体 VICE 集团是一个面向年轻群体，利用多元文化从新锐角度构建内容的国际性新媒体集团。集团前身是加拿大一个充满反文化的杂志 *Voice of Montreal*，其最初从嬉皮士等边缘文化切入，后来开始报道诸如利比亚骚乱、墨西哥毒品黑帮等暴力性尖锐性新闻。现在作为一个多平台的线上媒体公司，VICE 瞄准年轻的千禧一代的亚文化生活方式，从公司的主题词"世界在下沉，我们在狂欢"就能看出它的亚文化目标。它在内容和主题选择上，侧重亚文化群体关注的话题，"同性恋""性工作者""性文化"等是常见内容。它的内容表达非常直接，更具个性，它追求更真实、更原生态的状态。

2012 年进入中国以后，VICE 拍了一部纪录片——《触手可及：一部关于陈冠希的纪录片》，打破了陈冠希"艳照门"以来的媒介禁忌。为了提高收视率或者说表达公司与众不同的亚文化"口味"，VICE 在微信上放出三段《我们拍了陈冠希》的预告片，标题就表达了公司标新立异的决心。纪录片上线的第一天，腾讯视频播放次数超过333 万次，VICE 公司以此迅速获得国内年轻群体的关注。目前 VICE 公司的内容题材以"亚"生活方式为核心，包括新闻、食物、音乐、时尚、艺术、旅行、游戏、生活方式、电影等，受到世界上大批年轻用户的追捧。VICE 微信公众号发布的推文，每篇的阅读量一般都在 5 万人次以上，VICE 构筑了亚文化的家园。

新媒介催生了多种亚文化类型，形成了多样文化共存的现象。跟随新媒介形态发展壮大的亚文化代表还有电竞文化、二次元文化、弹幕文化、分享文化、社群文化、粉丝文化等多种类型。

电子竞技在 2003 年正式成为一项竞技活动，逐渐形成和壮大成以《英雄联盟》《守望先锋》《王者荣耀》《绝地求生》为内容，粉丝众多、社会影响力大的电竞文化。

在电子竞技中，玩家扮演着虚拟游戏世界里的不同角色。也许在现实世界里这个游戏玩家只

是一个普通人,甚至无法掌控自己每一天的生活态势,但是在虚拟的电子游戏里,他是众人膜拜的"大神",这种极其割裂的角色扮演,弥补了其日常生活中的缺憾和不足。尽管游戏里的"大神"角色不会延伸到现实世界,但是建立在游戏基础上的社群关系却有很强的现实黏性,不仅成为兴趣爱好者的精神慰藉,还成为电竞产业的衍生内容。

　　包括《绝地求生》(steam 版与腾讯版)、《英雄联盟》、《王者荣耀》、《守望先锋》在内的多款热门游戏在微博平台上广受讨论。其中,《英雄联盟》官方微博自 2015 年开设以来,粉丝累计已多达634 万,♯英雄联盟 S7♯相关话题均位列微博话题榜前列。同时,微博还依托其电竞生态建立了包括产品、媒体、选手、解说与主播在内的庞大微博矩阵,具有强大的用户覆盖力。电竞比赛和主播直播一般是在"斗鱼""虎牙""熊猫""全民""战旗"等直播平台上完成,不同游戏的粉丝、不同电竞团队和电竞主播的粉丝在平台上通过弹幕、评论等方式聚集交流,微博成了电竞文化壮大的重要阵地。截至 2017 年 12 月,微博月度参与电竞话题讨论的活跃用户数达 3405 万,约占整体微博用户的 1/10,电竞已成为微博用户重点关注的领域之一。电竞文化作为亚文化的一种类型,显示出极高的用户黏性和影响力。

二次元文化最典型的代表是哔哩哔哩（bilibili，B站）和弹幕视频网站。二次元文化（ACG，即Animation，Comic，Game）是对动画、漫画、游戏等作品中虚构世界的一种文化称呼，二次元人群就是那些动画、动漫和游戏的爱好者。B站是国内知名的二次元文化聚集地。其成立之初，只是一个基于二次元兴趣和爱好的社区，现在B站用户群增长了50倍，B站的忠诚用户90后逐渐走入社会，B站代表的二次元文化开始进入社会文化层面。二次元IP成为很多商业活动的内容。B站和罗森便利店打造了二次元主题店，和Costa合开了联名咖啡店；外卖平台"饿了么"以漫画《全职高手》的人物形象叶修作为IP进行营销推广；手游《恋与制作人》开设主角微博营销活动……这些二次元文化通过文创产品形式、跨界营销形式逐渐走入我们的日常工作和生活中。

B站除了引领二次元文化以外，更开创了视频行业另一大标志文化——弹幕文化。弹幕是悬浮在视频上方的实时评论，起源于日本，B站是国内最早使用弹幕视频技术的网站。弹幕把现实世界小众的、孤独的爱好者，基于共同的兴趣集结起来，营造了一种虚拟的互动式交流观影的氛围。

为了使二次元人群有强烈的归属感，想要成为 B 站的正式会员，必须回答一套有难度的"二次元"试卷，通过了才能加入。入"山门"的难度，反而加强了二次元圈层的文化共鸣和文化归属。

当然，亚文化一旦形成，其自身的多样性、丰富性也充实了媒介内容，给媒介内容的生产打开了一扇新窗户，社会文化因此呈现了多元的视角。

VICE 发布的内容"五颜六色"，有种族歧视的历史《这博物馆里有 10000 多件美国种族主义的罪证》，有战火纷飞下的生活《拯救非洲，拯救南苏丹》，有同性恋文化《采访在车臣被虐待的同性恋》，有各种社会问题的缩影《卖去富人家：贫民窟里的贩婴产业》，有主流媒体避而远之的话题《我遇上过一个有恋童癖的"爸爸"》……从这些题目中，你可以感受到 VICE 希望给"千禧一代"的用户提供与他们现实生活完全不同的生活状态和文化冲突，并以更高的质量、更宽的视野和不同的体验提供与大众主流不一样的文化观察角度。

亚文化也在一定程度上挑战了媒介内容的生产方式。由于小众性，亚文化在表达的内容和形式上要更具有创新性。在制作内容时，无论文本还是视频，用浸入式报道带来的多元视角和细节体验会更有吸引力。还是以 VICE 为例，它发布的文章和视频,如《私人雇佣兵的崛起》《直击印尼葬礼上的血腥水牛祭》《海湾大猫:中东土豪的野生猛宠》等,这一系列极具话题感的亚文化内容,都是记者、编辑们深入内容原点,用最真实的纪录片拍摄手法做原创故事的讲述者,重现一个个新闻故事的场景,让受众去体验现场感,这种浸入式报道方式开创了不同内容的生产方式。

在用户生成内容的短视频应用"抖音"上,用户只要点一个"＋"号就能制作自己的视频,他们可以选择配乐,可以给视频开美颜加滤镜,可以给视频加速减速。各种看似酷炫的效果用傻瓜式的操作都能实现。得益于操作的便利性和形式的丰富性,"小猪佩奇社会人手表""海草舞""嘻哈说唱"等亚文化内容层出不穷。人人都成为亚文化的创意传播者。

亚文化给媒介经济带来了更多不同于传统商业模式的媒介变现形式。

通过各种亚文化集聚起来的社群,具有共同的爱好和相同的生活形态,因此他们往往是为共同理念或价值买单的人群。在传统亚文化中为"偶像"买单或为"周边产品"买单现象屡见不鲜的同时,出现了类似东京"秋叶原"、台北"西门町"等御宅文化的重要集聚地,将主题咖啡店、模型玩具店、动漫产品店、电竞游戏店多种商业品类聚集在一起。

新媒介催生出的亚文化经济依然是在占据大量用户数量的基础上，通过品牌营销付费、电商等形式实现流量变现的，但在具体操作上有很大创新：同样是售卖广告，亚文化新媒体代表 VICE 和传统媒体售卖广告的不同在于，VICE 不再是硬性广告，也不是传统意义上的品牌广告，而是自己制定内容，然后让品牌商来选择是否赞助；品牌商在了解 VICE 即将拍摄的内容后，可以和 VICE 讨论赞助的模式；品牌商也可以协助拍摄部分视频或者全部交由 VICE 拍摄。新媒体广告制作流程与商业运作模式和传统模式有很大不同。

基于亚文化崛起的直播网站还找到了新的媒介变现方式——直播打赏分成。以"斗鱼"（一个弹幕式直播分享网站，为用户提供视频直播和赛事直播服务）为例，依赖电竞明星的知名度，观众会送主播虚拟的道具，如"火箭""飞机"等，而他们充值购买道具的费用一部分直接分给主播，一部分给平台，网站媒体以此实现盈利。

随着社交媒介、兴趣社区、直播应用等新型媒介平台的崛起和兴盛，大众媒介文化走向以兴趣为导向的差异化个性化的亚文化是一个不争的事实存在。如何客观、理性地对待个性化的亚文化现象，是非常值得关注和研究的话题。一方面我们应该看到媒介技术的每一次变迁总会重塑、建构甚至刺激、催生一些新的文化出现，而文化的多样性又为新媒介技术的创新提供新的动力；另一方面，我们也应该看到当下的亚文化呈现出更加复杂的面貌，个性化差异表象的背后，又被消费主义、商业利益所裹挟。因此，文化迁徙中，如何处理好媒介、商业、主流文化和亚文化的关系，是我们面临的巨大挑战。

5 分享内容
——新场景下的内容生产转型

大众媒介传递着各种各样的信息内容。惊天动地的新闻、电视真人秀、贝多芬、爵士乐、耐克、星巴克、嘉士伯广告等无所不包。当然,大众媒介传递的信息内容不会被某一种媒介所单独占有,如新闻,人们既可以在报纸上看到,也可以在电视和网络上看到;同样,广告和公关活动信息也并不会局限在任意一个单一媒介上。在内容为王的大众媒介世界里,媒介如何经营自己的内容成为一件重要的事情。

5.1 剧烈蜕变——内容制造方式的变化

在以报刊广播电视为代表的传统媒介时代,媒介的内容是由报社、杂志社、广播台和电视台这样的大众媒介组织生产的。金正恩、文在寅携手跨过三八线是大众媒介的新闻内容,同样,一部电影、一首歌曲、一个广告以及一本小说也是大众媒介的内容。大众媒介的内容广泛,包括新闻资讯类、观点评论类、知识类和娱乐类等。这些内容信息一般由文字、声音、图像等符号组合而成,构成一定意义上的文本供受众选择。信息内容是普通受众与大众媒介的关系里最显而易见的部分。

今天的新媒介场景下,媒介传递信息内容的方式有了颠覆性的改变,受众在接受信息内容时的方法和要求上也出现极大变化。

变化之一是媒介渠道获得极大拓展。传统的书籍、杂志、报纸、广播、电视、电影向 pc 网页,社交媒体,移动媒体的博客、微博、微信以及 Instagram、Twitter、Facebook、LinkedIn、YouTube 等线上渠道转移,线上不仅能够提供所有传统媒介能够提供的资讯、观点、知识和娱乐,而且其内容更加海量化,在读、看、听和文字、画面、音频、视频等的综合形式上也要比传统媒介丰富得多。

"浙江 24 小时"是《钱江晚报》的线上客户端,它的栏目数量、栏目内容都比《钱江晚报》多,其光是新闻板块就有 24 个栏目,民生板块"日子"更是有上百个细分栏目,提供包括房产、汽车、旅游、金融、服饰美妆、医学健康、文学艺术、娱乐八卦等几

乎所有的民生内容。这些内容不仅有图文、视频形式，还有机器人记者小冰编辑播放的音频、图文形式，给用户带来了多样的体验。

变化之二是体验成为内容。传统理论认为大众媒介是传递信息的工具，报纸、广播、电视、网站作为传播工具把信息传递给广大的受众，信息通过大众媒体到达受众的这一过程被称作大众传播。而现在媒介内容并不局限于广播、电视、报纸以及网页、Twitter、微信公众号、今日头条、抖音视频等媒介提供的文本本身，还包括受众在使用这些媒介时候的体验。媒介提供信息的同时也提供用户体验，媒介向用户提供信息以外的体验和交互成为媒介内容的重要组成部分。媒介已经不再局限于办公室里的报纸、客厅里的电视和书房里的电脑，而是突破了时空界限，堵车时在车上收听喜马拉雅，在拥挤热闹的地铁上收听"罗辑思维"，在各种生活间隙的碎片化的时间里瞟上一眼手机里的资讯已经成为现代人的生活方式。并且，媒介还要留有接口，为随时随地使用媒介的受众提供发声的机会，因此我们可以看到公众号上会预设与受众互动的话题，知乎上会有受众留言的接口。媒介提供的信息是内容，而获取内容的过程也变成了内容，体验也是内容。

以前是"看"世界杯,现在则是"玩"2018年俄罗斯世界杯。通过中央电视台、优酷视频、咪咕视频都能观看世界杯;新浪微博一直有♯一起迷世界杯♯、♯世界杯吐槽大会♯、♯大Ｖ辣评♯、♯竞猜赢红包♯等不同角度的话题供粉丝一边看球赛,一边游戏、评论和分享。即使不想熬夜看世界杯,第二天起床以后通过看微博上的进球时刻短视频、球员动图、球迷表情动图和实时热门话题,也能还你一个全方位的、生动的世界杯球赛体验。支付宝移动客户端在球赛进球后就会"下红包雨",女性时尚类的微信公众号与用户分享明星球员的老婆和女朋友的个人生活,整个媒体生态提供的内容给真球迷和伪球迷都带来了超强的狂欢体验。

变化之三是内容生产者由组织向个人转移。传统的报社、杂志社、广播台、电视台甚至网站平台都招募了一批受过良好职业教育的专业记者和编辑人员,组成强大的内容生产团队,而且建立了一套完整的行之有效的工作流程,源源不断地输出内容。但是在技术冲击下,这些已经建构出来的组织结构和流程受到了很大的冲击并开始瓦解。我们可以不必有组织地传播内容,每个人都有绝佳的机会运作一个属于我们自己的自媒体平台,比如网站、博客、微博、Facebook 页面、Twitter 流媒体、微信公众号。身处一个遍地自媒体的世界,每个人都有直接沟通和表达的大好机会。

当灾难爆发或重要事件发生时,无论跨国媒体还是大型通讯社都不可能有能力在世界上每个角落部署记者,以传回第一手报道。但在自媒体时代,机构组织办不到的,网民也许可以。拉斯维加斯枪击案,叙利亚否认化学武器攻击的谎言,美国哈维飓风的受灾现场的实时报道,这些具有极高新闻价值的内容都是网民提供的。"公民记者"提供的自媒体给了大众直接表达和沟通的机会。自媒体时代下,每个人都有了发声的机会。

变化之四是内容生产方式的极大转变。在由传统媒介时代向社交媒介时代转移的过程中,媒介内容生产的逻辑正在被重塑。传统媒介生产内容的时候是产品思维的生产方式。出版社、杂志社甚至报社(日发的新闻资讯类节目除外)的内容制造流程一般是:选题开始,采访,写稿,修稿,编稿,拼版,校对,印刷,成品,传播到受众。他们的故事,是靠着慢工出细活的封闭式的单向度的成品和呈现式的内容生产方式生产出来的。在今天信息极端快速传播的时代,一般受众会缺乏等待的耐心,除非是对此话题很感兴趣的受众,况且受众并不知道作者辛苦采写编的过程,其提供的内容并不一定能让社交媒体时代的内容消费者感同身受而引起扩散。

现在社交媒介带来了新的传播入口和新的传播分发渠道,分享成为内容生产的重要考量维度,只有能够触发用户分享传播的内容才是好内容。当社交媒体成为人们获取新闻的入口时,新闻生产的方式就改变了。2015 年皮尤研究中心的报告指出,63％的用户从 Facebook 和 Twitter 上获取新闻,这些平台正是受朋友或同事等社交关系驱动的。同时 28％的 Facebook 用户和 23％的 Twitter 用户会经常或者偶尔发布新闻,用户成为新闻内容制作的参与者。用户主动参与内容制作主要表现为发帖、评论、点赞,用户发布的新闻内容集中在娱乐、体育、政治等方面,而 39％的用户新闻推文中包含个人观点。

央视新闻的新浪微博账号发布的内容和用户息息相关:在发布气象台暴雨橙色预警时,会发布出行安全指南的图文内容;在发布"10 岁小男孩眼角被蜱虫死死咬住"的民生新闻时,会随帖发布在生活中预防病虫害的小技能……这些微博的转发量大多维持在 1000 次左右。和用户相关的内容、用户关心的新闻,自然会在社交媒体上得到关

注和互动。以 2018 年 7 月 11 日的数据为例,央视新闻新浪账号的阅读数是 1000000+次,互动数是 537711 次,微博互动数是 534813 次,评论互动数是 2898 次,社交媒体的新闻生产方式已不再是单向的,而是互动开放的。

社交媒体成为新闻入口。新闻机构和记者、社会意见领袖或者说某一领域的大咖以及社交媒介的普通用户共同构成了新闻内容的制作者,沟通制作和发布信息。内容制作传播的方式呈现"森林"结构。每一个用户发布的帖子或评论被相关的众多人分享,而每一次分享都构成了一个相对独立成长的信息内容大树,每一棵分享的大树都构成了社交传播的森林,森林之间还会形成一个互动传播环,以此构筑一个社交内容分享的生态森林。这是对传统新闻内容单向度无受众参与的生产方式的完全颠覆。

当互联网工具改变了内容生产者和内容消费者(或者说传播者和受众)的关系后,内容生产的生态、信息获取的入口、信息分享的方式将会向更加创新和个性化方向发展,内容单纯作为信息消费的时代即将过去,内容本身已经成为一种新的沟通媒介。

5.2 新生态确立——价值取向对内容生产流程的影响

究竟有哪些因素，共同影响了今天移动社交媒介时代内容生产方式的改变？

互联网技术颠覆了媒介行业的生产方式，改变了媒介的价值链，导致了媒介内容产品设计上的颠覆。

传统媒介和社交自媒介是两种媒介生态。两者在内容生产的生态链上构筑的流程不同：传统媒介是内容—渠道模式，作者撰写、编辑编排内容后，由报刊、广播、电视这些渠道把内容传递给等待信息已久的受众；而社交自媒体是人格魅力—运营平台模式。比如，当你收看"超级碗"时，Twitter希望你能发视频直播；当你追《权利的游戏》大结局时，Facebook希望能听到你每时每刻的吐槽。你所发的视频直播或吐槽被社交媒介平台无限放大的时候，也实现了传播者和受众的即时互动，交互特性满足了用户的需求。如果是一个在社会上有影响力的人物所发出的观点和信息，如特朗普或梅西，那么他将引起更多人的围观和互动，平台的流量会激增。所以技术变迁下内容生产流程模式的不同，受众地位的不同，构筑了不同的媒介

生态。

此外,推动媒介生态转型的另一动力在于媒介作为单纯信息渠道的价值在互联网自媒体的冲击下不断下降。

一直以来传统媒介的价值在于"内容为王"和"渠道为王"。但是在互联网冲击下,内容并不稀缺,同样的内容我们可以从报纸、杂志、电视、广播等传统媒介中获得,也可以从更为便捷的网站、自媒体平台、移动端等多种多样的信息渠道中获得,由此就打破了传统媒介过去独占信息传播渠道的优势。换句话说,传统媒介所拥有的内容稀缺性没有了,而稀缺性正是构成传统媒介市场价值的关键。传统媒介内容直接变现也就是卖内容变得困难了,订阅率、收听率、收视率越来越难以提高,传统媒介内容生产者从未像现在这样如此渴望被刷屏,企求10万+阅读,希冀制造爆款,希望有吸引受众眼球的能力,希望重新找回昔日的荣光。

同样,在互联网出现之前,传统媒介的渠道也是稀缺资源。随着互联网技术的发展,"万物皆媒介",现在的渠道选择变得极其丰富多样,渠道也变得不再稀缺。过去广告主的广告投放主要依赖传统媒介,现在广告主对传统媒介渠道的依赖程度在下降。从2017年各媒介广告刊例花费变化中可以看到,电视增加 1.7％,报纸减少 32.5％,杂志减少 18.9％,互联网增加 12.4％。除了电视媒体在 2017 年的价格有了一点回升势头,其他传统媒体的广告刊例价仍然处于下降态势。现在渠道变得非稀缺了,所以传统媒介渠道的市场价值也在逐渐丧失。传统媒介靠卖内容和渠道已经无法直接变现,其价值实现在今天互联网自媒体时代已经出现问题了。

那么自媒体的价值是靠什么实现的?社交自媒体的价值能否实现在于传播者的人格魅力能否圈粉,其影响力在自媒体平台运营下能否圈住不同场景下的粉丝眼球。以"吴晓波频道"为例,吴晓波是有 20 多年纸媒经验的专栏作家,其微信公众平台"吴晓波频道"于 2014 年 5 月上线,据 2015 年 9 月统计,其订户数突破 100 万,成为国内最大的泛财经类个人自媒体。吴晓波在文章中自述,"频道上线以来,头条的日均点击量约为 8.7 万,最高的单日点击量达到 162 万"。据不完全统计,由吴晓波写作的点击量为 10 万多的文章就有 66 篇,其中影响力较大的一些文章的点击量超过 20 万,如《去日本买只马桶盖》有 252 万多的点击量,《别慌》有 116 万多,《疯了》有 96 万多,《最后一个"看门狗"也走了》有 51 万多,《预见 2016》有 48 万

多,《"物美价廉"的时代可以结束了》有 31 万多,《中国进入政商博弈新周期》有 31 万多,《庄吉之死》有 29 万多,《如果你确定要嫁给一个企业家》有 25 万多。

"吴晓波频道"之所以能成为泛财经领域最具影响力的内容生产平台,一是因为吴晓波本人因写作《大败局》等书以及在商业上的投资等多年来形成的超高的个人品牌影响力。"吴晓波"三个字就极具传播价值,因此他的文章标题都会冠以"吴晓波"的名字,以人格魅力增强辨识度。二是"吴晓波频道"很会抓当下社会痛点,从对受众的实用价值出发生产内容,就以点击量超过 252 万的《去日本买只马桶盖》为例,该文以近几年中国社会常见的去日本购物现象说起,探讨了中国制造业未来的走向问题,该文对身边常见现象叙述的亲切感,对制造业未来探讨的前瞻性,引发了社会热议;而《我为什么不炒股》既触发了身处股市边缘受众共同的心理焦虑痛点,又具有财经知识的实用参考价值。基于原创的有态度的好内容和大魅力,"吴晓波频道"建立了一个社群,而一个好社群开始进行"圈层化"互动,在互动中共享互利,平台的认同感就被发掘出来了。

所以从根本上说,传统媒介内容今天"卖"不出去和渠道价值直接变现能力下降,都是技术带来的媒介变迁的结果。

以互联网技术支撑的自媒体是一种更高阶次的社会传播生态,它不在乎规模有多大,而在乎关系链中能否构建出争取和掌控人心的机制。互联网时代无论个人、企业还是某种现象,如网红、大V、BAT、共享经济的共享单车、BOB、微信公众号、众筹公益等,其所发挥的社会影响力,绝不同于传统媒介的规模和权威带来的影响力。互联网时代的人们不在乎信息内容是否来自中央电视台、《纽约时报》或是 BBC 这些历来被认定的权威部门,人们只会在乎你的内容是不是触碰到我的痛点和柔软点,你的观点是不是激起了我的认同感和归属感。基于个人元素被激活的背景下的人心、关系、情感和社会认同等资源的聚合力,才形成互联网时代的媒介影响力。赋权于个人,个人成为社会传播的基本元素并对整个社会资源和社会权利进行重新分配,对个人元素的激活实现了互联网世界的新价值。

5.3 内容制造——新场景下内容生产的技巧

在社交媒体以及移动传播背景下,传播接受者,或者说用户,其阅读消费场景分外复杂,街边、

车上、走路、购物、吃饭、聊天,随时随地都可以获取信息内容。在这种多样复杂的场景下,要使信息内容在受众瞟一眼的瞬间吸引住受众,粘住用户,确实需要内容生产者或者说传播者在传播的思维方式和表达方式上有极大的突破。

那么什么样的文本内容会被用户疯狂转发和分享呢?

我们可以从 2015—2017 年的现象级文章内容中发现一些规律。

一是从内容来看,具有个性化观点的文章易被转发,能引起阅读者情绪变化的文章易被转发,能引起明显冲突观点的文章易被转发,对社会问题进行讨论的文章易被转发,能制造幻觉的文章易被转发,能表达普适性情感的文章易被转发,能为用户提供社交货币的文章易被转发。

以没有任何商业推广,2014 年 5 月才从校友会网站改为微信公众号的"冯站长之家"为例。"冯站长之家"最早推出的是每天 3 分钟的新闻早餐,提供最新鲜、最全面、最有价值的 3 分钟客观新闻,不做任何评价。虽然体量不大,但在每天的新闻资讯类公众号中,其单篇阅读量经常排名第一。2018 年 7 月 4 日的文章《今日聚焦:崔永元,怒怼,中央五部委出手,之后……》,阅读量 10 万

＋，点赞数 2.5 万；7 月 8 日的《今日聚焦：惊！书记一个巴掌，从菏泽日报扇到人民日报》，阅读量 10 万＋，点赞数 2 万。

有了原创功能后，"冯站长之家"便推出了"今日聚焦"时政评论类栏目。冯站长说："我们是希望通过时评针砭时弊，通过针砭一些弊端来进行反促进，我们会写得比较犀利，批判也比较狠一些，但是也会考虑到监管层面的可接受程度，所以，我们会把握好分寸，但是也需要把问题剖析得清楚，让大家觉得确实写得也比较到位。"如 2016 年在韩国部署萨德敏感时期，"冯站长之家"推出《今日聚焦："萨德"逼近！中国，痛下杀手，亮中国底线！驱逐乐天，严惩韩国！》一句话新闻，从标题上看观点非常明确，情绪煽动性鲜明。类似这样的文章在"冯站长之家"里有很多，如《今日聚焦：大声"羞辱中国"，又指责南海，美国想上天？结果……》《今日聚焦：惊！怒！巨星陨落，大腕去世，媒体竟如此反应……》。

运营两年半后，"冯站长之家"粉丝累计 255 万，头条阅读量篇篇 10 万＋，在清博指数（www.gsdata.cn）公布的 2016 年 11 月全国微信公众号千强榜中整体排名第 43 位，更是以 840630 的月度总点赞数，在 1800 万个被监测微信公众号中获

得点赞数排名第 8 的位次。

而易中天 2017 年那篇紧随时事热点"山东辱母杀人案"而发的《血性男儿哪有罪?》,"视觉志"推出的有关唐山交通肇事案中拒不执行赔偿的文章《黄淑芬,如你所愿,那个撞成重伤的人终于被你耗死了!》,直击人类价值底线和道德底线。

当然,释放"总有一种力量叫人泪流满面"的正能量情绪,也极容易引来社交媒体的疯转。如"视觉志"那篇著名的 5000 万＋阅读爆文《谢谢你爱我》,以"文字＋gif 图片/静态图片"的形式呈现了 17 个故事,每个故事都是独立的单元,但都讲述了人与人、人与动物、动物与动物之间的极具正能量的感情(见表 2)。

表 2　《谢谢你爱我》中的故事

人　物	特征	金　句
双胞胎	亲情	即使命运对我不公, 我也会用尽全力去疼爱你
流浪汉与狗	善心	善心无关贫富,垃圾虽然脏, 可内心却是一片净土
狗与狗	忠诚	接触的人越多, 发现自己就越喜欢狗
猫与狗	保护	愿有一人能知道你的强大,更懂得 你的脆弱, 不要害怕,有我在

续　　表

人　物	特征	金　句
老人与爱人	爱情	从前车马很远，书信很慢， 一生只够爱一人
父亲与母亲	爱情	在远方的她此刻可知道， 这段情在我心始终记挂
环卫阿姨与乞讨者	善心	不要对生活中的那些磨难和艰辛充满怨怼，更不要为此一蹶不振。 那些不期而遇的温暖，都在悄然改变着那些看起来惨淡混沌的人生
环卫工人与小伙	善心	善良与学历、职业、年龄、身份无关
老师与学生	崇高	学高为师，身正为范
狗狗与救援人员	善心	命运看起来残酷，但不会对你不管不顾，无论你变成什么样，依旧会有人爱着你
狗狗与路人	善心	生而为人，请不要忘记善良
小毛驴和小主人	爱	你身边有个像小驴一样爱你的人吗
英语老师与老婆	爱情	浮世三千，吾爱有三。日月与卿。 日为朝，月为暮，卿为朝朝暮暮
哥哥与妹妹	亲情	我那么爱你， 我怎么舍得责备你呢
猫妈妈与小猫	亲情	妈妈，我知道你只是睡着了， 等你醒来如果饿了，就把这些食物吃了吧
野鸡与鸡蛋	母爱	唯有母爱，可以超越生死。 唯有母亲，爱你就像爱生命

续　表

人　物	特征	金　句
女孩与走失的老人	善心	善良是一种温柔而强大的力量,有时候你的举手之劳,就会改变一个人的命运

还有"北洋之家"的《河北农村男孩684分被清华预录取,他的故事感动中国,值得每个人看看》,"凤凰财经"转载的讲述中国"天眼之父"南仁东的《他放弃300倍高薪回国,造出震惊世界的"天眼",但他却永远闭上了双眼……》,在寒门难出贵子的烦嚣中,在奉献价值被低估的现实中,这样的故事更容易令人点赞传播。

同样,上海大学80后博士生王磊光的《一位博士生的返乡笔记:近年情更怯,春节回家看什么》在微信朋友圈及微博等社交媒体广泛传播。该文实际上是王磊光的一次演讲稿,叙事真实平和冷静,没有过多的煽情包装,却揭示了当下农村中大部分的现实问题。

回家的交通不再拥挤了,但人与人之间的联系失落了,人情开始变得冷漠了,"我觉得,当前农村的亲情关系,很大程度上是靠老一辈建立的关系维系着。在老一辈那里,这种关系处在一种相对稳定的时空里,但对年轻一代来说,大家的关系早已被现实割裂了……大家拜年，不再是为了亲戚间互相走动，馈赠礼物，交流感情，而只是为了完成传统和长辈交代的一项任务。悲哀的是：如果老一辈都不在世了，新一辈的联系也就慢慢断了"。"用'原子化'来形容今天农村的现状，说白了就是，农村原有的那种共同体已经消失了，人与人之间不再像原来那样有着密切的关系和交往，不再像过去那样每到过年时相互串门，集体上街玩，等等。为死者守丧和送葬，在农村反而成了村里人团聚和交流的一个契机。这也是我在家乡看到的唯一能够让大家团聚的方式。"

农村青年人口能够自由流动了，却带来了现代都市社会的物质压迫感，"传统的农村婚姻，从相亲到定亲到结婚，要三四年时间，男女双方有一个了解和熟悉的过程。现在却不同，年里看对的，过了年，马上定亲，然后女青年跟着男青年出去打工，等到半年过去，女方怀孕了，立刻奉子成婚"。"农村青年讨媳妇，要具备的物质条件很高，现在普遍的一个情况是：彩礼六到八万（元），房子两套。在老家一栋楼，在县城一套房。这个压力，并不比城市青年讨老婆的压力小。""近些年来，对在外打工五年以上的农村青年来说，对一种东西的渴求，可能比对房子和妻子更为强烈，那就是车

子。……老百姓不认识车子的牌子，不知道车子的价位，只知道这些车叫'小车'。不管什么小车，关键是要有！在农村，房子是一个媒介，车子更是一个媒介——是你在外面混得好，有身份的代表，房子不能移动，车子却可以四处招摇，表示衣锦还乡。很多二代、三代农民工，当下最大的期待就是买一辆车子。尤其对那些好些年没回家的人来说，他再次回家，必须有辆车，否则他怎么证明自己？"妻子，房子，车子，催生农村婚姻和家庭生活裂变。

现在知识在乡村显得无力，曾经对知识和知识分子的尊重没有那么强烈了，"最要命的是，作为满载家庭希望的大学生，毕业之后勉强找到一份饿不死的工作时，又面临结婚、买房等种种压力。可以说，几乎每一个农村的 80 后大学生，都是以牺牲整个家庭的幸福为代价来读大学的。但他们中的绝大部分，毕业后没有希望收回成本，倒是让年迈的父母继续陷入困顿"。他们"最害怕的就是回家，感觉很难融入村子的生活，所以每年过年他都回去得很迟，来学校很早。为什么呢？因为当你一出现在村子里，村里人其他的不问，就问一个问题：'你现在能拿多高的工资？'所以，他过年回家，基本不出门。这个体验跟我是一样的。你要问我过年在家乡看什么，其实我没看什么，因为一大半时间是待在家里看书,看电视,写东西"。

该文中对城市与乡村二元结构的社会民生生存环境问题的焦虑引发了共鸣,该文也是对城市文明和乡村文明、博士身份和农村出身的冲突现象的思考和评判,又正值春节期间发表,时间和返乡场景效应引发了受众的心理认同。社会民生热门话题,对立冲突性的身份制造,以及时间热点的把握,使该文在社交网络媒介被迅速疯转,随后跟着出现了多篇"返乡日记",多家传统媒介围绕此话题的采访、报道、评论大量出现,使之成为现象级文章而流传。

二是有明确用户画像的文本易于被转发和分享。

用户画像简单来说就是具体地、标签化地、有针对性地描述用户特征,目的是做市场分析、商业决策、精准营销的依据。分析近几年现象级文本的内容后,我们可以发现移动互联网背景下的受众画像或者说用户画像有了巨大变化:受众阅读场景更加复杂,从图书馆、阅览室、家庭书房里到动车、飞机、地铁上,再到商场购物、候车中,随时随地可以出现阅读场景;受众消费媒体的方式与过去传统媒体时代截然不同,由无偿阅读变成付费阅读;受众不再崇拜权威,而是主张多元化,推崇

个性差异;受众不再满足单线式的接受,而是要建立共享、互动、参与创造的全新关系,并且自有一套消解权威,甚至娱乐化地解释权威的话语体系。

新媒体受众"去中心化"的需求和心理变化,实际上是社会"话语权"深刻转移的结果。法国哲学家福柯在 20 世纪 70 年代曾发表过一篇文章《话语的秩序》。他说:话语是权力,人通过话语赋予自己以权力;话语不仅仅是思维符号,是交际工具,而且既是"手段",也是"目的",并能直接体现为"权力"。每一个时代内容生产模式的不同和文风的不同,实际上是更为丰富、更为复杂的具体社会形态在具体言语方式上的体现。在新媒介技术冲击下,移动阅读成为全民场景,造成了话语模式、话语权的转变。

话语权从传统媒介自上而下的"中心式"思维模式转变为新媒介"以人为本"的思维模式。以人为本的话语体系出现后,内容生产者面对新语境下的新用户,根据受众画像,从个体受众的心理需求出发,有针对性地提供个性化内容,并在这个过程中不断为受众提供更好的媒介消费体验。

"同道大叔"2013 年就开通了微博账号,但一直不温不火,直到 2014 年 1 月 25 日发布了一条"十二星座失眠"的漫画微博,当晚转载量就超过

4万。这极大地鼓励了这位毕业于清华大学美术学院的90后作者,他由此把"同道大叔"定位于"星座漫画专业户",开始推出"大叔吐槽星座系列",如《和××座谈恋爱,是一种怎样的体验?》《××座为什么招人疼?》《如何才能追到女神?》等,用诙谐幽默的文字及配图,以吐槽十二星座在恋爱中的不同缺点为主,吸引了大量"星座控"网友的关注,微信公众号每一篇文章的阅读量几乎都超过10万,且开始向朋友圈迁徙。

至今,"同道大叔"在各平台粉丝总计超过3000万,每天超过300万人次访问其微博和微信公众号主页,每天超过30万人转发其内容。"同道大叔"还出版了《千万不要认识摩羯》《有我在,没人敢动你一根寒毛!》等"大叔吐槽星座"系列漫画书,并涉足影视、娱乐等行业。"同道大叔"于2016年12月被美盛控股收购。

表面上看,谈星座的内容很幼稚,但仔细分析"同道大叔"后发现:"同道大叔"每一期一个主题,简单简短,适合移动阅读;就每个系列的内容,"同道大叔"会事先在微博上发布话题,搜集网民线索和故事,加以整理采纳,这种UGC模式(用户原创内容)既调动了网民积极参与的热情,凝聚了人气,又获得了丰富的内容资源。实际上"同道大

叔"的这一切内容塑造和传递,都建立在对受众阅读心理和需求的洞察之上:人们在谈论星座时,不只是单纯地想看星座本身,人们喜欢或关注星座内容,是因为在现代社会里人们对自我未来的不确定性、对人生的不确定性需要一个解释和安慰,因此星座类的信息内容有针对性地选择个性化小众用户,在受众选择性心理作用下,配上移动场景的阅读方式,成为很有影响力的"爆款"。

知乎是国内最知名的网络社交型问答社区。知乎网站开放于 2010 年 12 月,从 2011 年 3 月获得首轮天使投资后,先后获得 4 轮风投,目前知乎估值超过 10 亿美元,迈入独角兽公司行列。至 2018 年 6 月,知乎已提供 15000 个知识服务产品,生产者达到 5000 名,付费用户人次达到 600 万。每天,有超过 100 万人次使用"知乎大学"。

作为社交型问答社区,知乎由首页、话题页、通知页、问题页及知乎日报等内容构成。知乎把自己的价值定位在"与世界分享你的知识、经验和见解"上,知乎的这一价值定位是建立在深刻洞察了社交媒介时代受众的欲望和需求后做出的,其在此价值定位的基础上才精心设计出产品和服务内容。

美国著名内容营销网站 Contently 的分析师

在分析社交媒体的内容时曾总结说:那些最受欢迎和高参与度的社交媒体,总是持续地在三个方面"帮助"用户。一是"帮助"用户在使用社交媒介内容时能够获得新知识,让用户觉得"有知识增量"的作用;二是"帮助"用户通过社交媒介获得可以借鉴的经验;三是"帮助"用户得到可行、实用、有价值的小技巧、小贴士、小指南等内容。

有问题上知乎,几乎成为许多人解决现实问题的重要途径。知乎最重要的页面——问题页面,由"问题回答""关注功能""邀请功能""相关问题链接""分享功能"和"问题状态"六个部分组成。"问题回答"版面占这一板块大约 70% 的位置。用户在这里可以了解、编辑、回答具体问题和信息,用户可以对自己觉得不合适的问题进行修改、补充或评论、举报和管理;也可以在问题回答上,按照自己适合的方式对问题回答进行排序;用户还可以对每个回答表示赞同或反对(页面左侧设计有一上一下两个三角形表示投票);用户还可以根据自己的兴趣,从知识理解角度对问题回答进行个性化管理。

再比如首页有四个功能区块,其中"最新动态"大约占首页 70% 的版面,关注熟悉的社交圈是这一板块设计的目的。用户在这一板块,可以

查看所关注的人的最新提问及回答等信息。用户通过"设置""关注问题""添加评论""分享""感谢"和"收藏"等功能,可以参与到自己感兴趣的话题中,添加评论、发表意见等。

从知乎的内容构成中,我们可以看到:(1)知乎像一个论坛,用户围绕着某一感兴趣的话题进行相关的讨论;同时你可以关注和你兴趣一致的人。(2)知乎鼓励在问答过程中进行讨论,以拓宽问题的解决思路,培养发散性思维。(3)知乎鼓励UGC内容模式,对发散思维的整合是知乎最大的特色。

在管理上,知乎几乎没有任何激励机制,没有积分,没有相应的等级提升体系,更没有任何形式的物质奖励,但用户的参与度却很高。为什么?

原因就在于知乎向用户传递了许多"有用的"信息内容,更主要的是这些"有用的"信息内容是知乎的用户制造的!知乎抓住了人性中渴望分享的欲望,给用户提供了一个高质量的分享舞台,帮助用户实现了我对社会和群体"有用"的体验。在激发出用户回答问题的欲望甚至使其到了不回答不舒服的地步时,知乎实际上为用户提供了"社交货币",帮助用户塑造了良好的社交形象。

"社交货币"是社交媒体的经济学理论。我们在微博、微信和论坛等社交媒体上讨论、分享东西，实际上是在定义我们自己。在微信朋友圈中晒（分享）精心选购的衣服、喜欢吃的美食、浪漫的旅游地、高雅的音乐会等，还有偶尔对社会现象的小小的抨击，不仅仅是为了传达而传达，主要还是想传播与自己相关的某些信息，通过这些信息使我们看起来"高雅、有趣，见多识广，具有独立见解"。这些塑造自我良好社会形象的"标签化"信息，就是"社交货币"。因此在日常生活中，人们从潜意识里喜欢分享那些有助于凸显自己独特形象的内容。知乎的"问题回答"页面就是一种"社交货币"。你回答问题越多，就越显得你知识渊博，甚至能带动整个圈子的议题走向。你成为社交媒介的话语权威，让你的家人、朋友、同事以及素不相识的社交网络人觉得你不但聪明、知道好多事情，而且对社会问题有相当独立的看法，你在不知不觉中获得了一种隐形的社会身份，获得了社会认同。

三是从写作技巧上看，适合移动阅读的文本易被转发。

移动场景下碎片化阅读的出现，使人们不再需要像传统阅读一样在固定时间和固定地点正襟危坐，阅读也不是有钱有闲阶层的特权，新媒介构

建了一个众生平等的阅读世界。早在 2014 年,德勤的一个调查显示,六成英国成年人每天查看手机次数超过 50 次,三成英国成年人在醒着时查看手机的间隔不超过 5 分钟。"BBC 新闻超过一半的流量来自手机和平板,周末会更高。台式机的流量在中午 12 点到下午 2 点时达到顶峰,而移动端流量更加稳定,仅会在早上六点和晚上略微波动。"移动阅读成为现代人逃离日常时间束缚的方式,也成为其摆脱日常狭窄空间限制的方法。统计表明,小城市年轻人和年轻的"有钱的小资"是移动阅读的主要群体,通过碎片化的移动阅读,他们平衡了单调重复的日常工作、生活与自我感觉上的差异,阅读"关乎时间掌控和空间结构,是美好生活的定义方法"。

用户的变迁,需要内容生产者充分考虑移动阅读在文本表达上的需求。

BBC 新闻学院在 2015 年发布了移动端新闻编辑写作黄金守则,较为全面地总结了移动端新闻的写作技巧。

(1)标题要长短搭配。

BBC 通常会为新闻准备两个标题:短标题为索引,长标题辅助理解。两个标题均要求适用各类阅读平台,所以要求主标题(即长标题)非常紧凑，要以关键词开头，且不多于 55 个字符。在移动端，如果标题超过了 55 个字符，就会显得冗长，为读者增加阅读障碍。

例如新闻标题"Fugitive 'Skull Cracker' Michael Wheatley in custody"（《逃犯"爆颅手"马克尔被拘押》），50 个字符以内，是一个很好的例子。

而下面这个标题："Three people die after getting into difficulty in the sea in Cornwall"（《三人在康沃尔郡海上遇险身亡》），英文字符已经超过可接受的上限。

（2）导语要一句话说清楚。

导语是移动端写作中最难的部分，它需要通过短小精悍的一句话秒杀读者。因此撰写上要简洁至上，不能含糊不清。

例如 BBC 优秀导语：The last UK combat troops have left Afghanistan as polls suggest more than half of UK and US respondents do not think the operation was "worthwhile"。（最后一支英国作战部队撤离阿富汗，民调显示，超过半数英国和美国被调查者认为此次行动不值得。）导语表达清晰、准确，不啰嗦。

（3）段落的"倒金字塔"结构仍然是金科玉律。

BBC 坚持"前 4 段"原则。把最核心的内容放

在前 4 段。一则新闻,何人,何时,何地,干什么,结果怎样,在前 4 段中把故事讲述得基本完整,是 BBC 网页新闻编辑的基本要求。

(4)篇幅要短小精悍。

BBC 认为,对于移动端而言,一篇 500 字的稿子已经很长了,太长的文章会让读者感到崩溃,只有那些十分庞大和复杂的故事才需要超过 500 字。BBC 打造合适篇幅的两个秘诀:在电脑端显示四行的段落,在移动端可能会变为七行或八行,所以一定要尽可能地保证段落的简洁和简单;用小标题分割长文章,小标题最多使用三个词且需要夺人眼球,不要重复已经包含的内容,要为接下来的片段打好基础。

(5)要创新问答型结构。

BBC 认为,问答型结构在移动端有很好的阅读效果,读者喜欢小块地消解信息。问答可以提供基本知识,以便读者理解一个故事、问题或新事物。所以,五六个直接问题和简洁有力的回答就够了。

例如,《埃博拉爆发》这篇报道的问答型结构就起到了很好的效果。

What is Ebola? Why Ebola is so dangerous? How Ebola virus spreads? (什么是埃博拉? 埃博拉为什么如此危险? 埃博拉病毒是怎么传播

的?)通过设问和回答问题把读者对新闻事件的疑惑解答清楚。

（6）链接丰富内容，增加可信度。

BBC 认为在内文中附上链接，可以为读者提供更多"佐证"。如果文章中没有原始资料和图片，链接就显得十分有用。从用户的角度讲，可信的链接是文章内容非常必要的补充，尤其在直播页面，要保持链接最新更新，并以现在时写作。

（7）表格会直截了当地呈现事实。

简单的陈列往往能起到很好的效果，BBC 认为，新闻故事中的表格以小尺寸呈现事实，所以适用于移动端写作。BBC 倾向于移动端的表格最多三列。在 BBC 2017 年的某篇新闻稿中，它用几张表格直截了当地展示了中国家庭的现状，图表的题目直接下结论"Marriages down, divorces up"，可以看出结婚率的降低和离婚率的升高、"Look beyond the border"看出家庭对海外留学的期待，形式都是一到两个数据的连年变化情况，事实清晰可见。

BBC 把针对移动端用户的资讯类新闻稿写作经验总结得相当全面，那么对于社交媒介上发表的爆款文章写作又有什么样的要求呢？

对社交媒体上发布的 1 亿篇文章进行分析，

发现转发量排名在前 10％的文章，字数往往控制在 3000—10000 个英文单词内。这样的长文章更容易被转发，原因就在于稍长的文章能显示用户的"调性和智商"，而且略多于 3000 字的文章才能在"信息和观念的密度上达到较为理想的状态"。

与 BBC 新闻稿不谋而合的是，问答型结构也是社交媒介受欢迎的表达形式。以"大象公会"阅读量超过 10 万＋的文章为例，其"为什么"类的标题特别多，如《为什么中国大妈拍照时热爱挥舞丝巾》《中国老男人为什么爱戴瑞士表》《嘻哈歌手为什么老要别人尊重他们》。问答型文章在现实世界中提炼出各种有意思的疑问，让读者产生熟悉的陌生感，吸引用户眼球后，通过话题的延伸性和通俗性，引发传播冲动。

配合问答型结构方式，社交媒介的文章往往按照"提出问题—回答问题—再提出问题—再回答问题"的原则安排段落，把每一个问题尽可能切割成简短的故事，并且在阐述每一个新故事前，尽可能制造悬念，再引来出乎意料的结局。一切都是为了移动阅读场景下在很小的屏幕上展开话语转型，更加高效地呈现内容，吸引受众的注意力。

6 媒介风云
——技术与资本的入侵和博弈

传统媒介在移动互联网时代遭遇了整体性的发展困境,新技术不断颠覆传统媒介的生产方式,新观念不断驱逐传统媒介的经营意识,新资本浩荡入侵传统媒介,旧格局正在瓦解,新势力正在塑造,从 BAT 到聚合平台再到共享平台,技术、观念和资本支撑的突破性变革不断涌现,传统媒介在不断上演断崖式坠落的戏码,媒介已经真正进入更迭的时代,且遥无尽头。

6.1 过去轨迹——传媒巨头垄断媒介

早在 1983 年,美国的一个传媒批判学者本·巴格迪肯(Ben Bagdikian)在研究中发现,美国的全部新闻与娱乐业(包括报刊、广播、电视、有线电视、电影等)实际上控制在 50 家大公司手里;到 1992 年,媒介所有权加速集中,23 家主要的媒

介公司控制了美国媒介的大部分;到 1996 年,他发现对媒介的垄断更是集中到 10 家公司手里;而到 2000 年,美国的传媒娱乐业几乎被下述四大集团垄断。

6.1.1　传媒巨头美国时代华纳集团(Time Warner Inc.)

美国时代华纳集团是世界上最大的媒介和娱乐公司,成立于 1990 年。在其鼎盛时期,旗下《时代周刊》《体育画报》和《人物》等杂志在全世界不但拥有数以百万计的读者,而且其凭借出版内容的深刻,影响了世人对新闻、体育、休闲和娱乐的解读方式。2017 年《财富》美国 500 强排行榜发布,时代华纳排名第 95 位。时代华纳公司业务横跨电影、电视、出版、影院等各个方面,其主营业务由四大部分组成。

(1)影视娱乐业务:华纳兄弟娱乐公司(旗下包括华纳兄弟影业、新线电影公司、DC 漫画公司、华纳兄弟游戏、CW 电视台等)。它在故事片、电视、家庭录像、动画以及生产/商标许可方面一直居于全球领先地位。"哈利波特"系列、"黑客帝国"系列、"超人"系列、"蝙蝠侠"系列、《肖申克的救赎》、《盗梦空间》、《银翼杀手》、《斯巴达 300 勇士》《守望者》、"大侦探福尔摩斯"系列、"宿醉"系列等,都出自该公司。其旗下的新线电影公司发行了奇幻巨制"指环王"系列。

(2)有线电视业务:美国第二大有线网络运营商,包括 CNN(特纳电视网以及旗下的 CNN 等数百个频道,美国受众最多的有线新闻频道,拥有 7800 万美国收视用户和 212 个国家和地区的 1.51 亿国际用户)、HBO 付费频道(美国影响力最大的付费频道,片源最丰富的有线电影频道,拥有 3670 万美国收视用户和 50 个国家的 1200 万国际用户。播出大量经典美剧:《兄弟连》《黑道家族》《权力的游戏》《真探》等)、TBS(美国片源最丰富的有线电视频道,拥有 8000 万美国收视用户)、TN、Cinemax、Cartoon Network。

(3)因特网服务业务:美国在线是全美最大的因特网服务商,旗下有 CompuServe(互联网服务提供商,拥有 3000 万美国用户和 16 个国家的 600 万国际用户,为美国 75% 的互联网用户提供接入服务)、网景公司(Netscape,入门网站与浏览器制造商)、ICQ(世界最大的在线即时通信软件)、AIM(即时信息软件)、Mapquest(世界最大的在线地图服务提供商)。

(4)出版业务:目前发行的杂志超过 64 种。

全美最畅销的五本杂志中,时代华纳公司就占据了四本,分别为《时代周刊》《财富》《人物》和《体育画报》。此外,其他著名杂志还包括《娱乐周刊》、*InStyle* 等。

时代华纳还是世界上第二大出版业主,包括 Time Life Books(42％的收入来自美国境外)和 Book of the Month Club;华纳音乐(Warner Music)是世界上最大的音乐公司之一,美国第二大音乐唱片公司,其来自美国境外的收入占 62％以上;时代华纳还是全球顶级的电影院公司,在美国境外拥有 1000 多家电影院,并且还在继续扩张中;时代华纳还拥有一座用于商业目的的资料库,其内容包括 6000 多部电影、25000 多部电视节目、书籍、音乐,以及成千上万部卡通片。

6.1.2　绝不只有米老鼠的华特·迪士尼集团(The Walt Disney Company)

华特·迪士尼集团是全球最大的娱乐及媒体公司之一,按照营业额,在全球媒体公司中仅次于美国时代华纳公司,排名第 2。当今迪士尼公司的业务已经远远不是大多数人从小看的动画电影和去玩的迪士尼公园那么单一了,其涉及的行业众多,2017 年 6 月公布的《2017 年 BrandZ 最具价值全球品牌 100 强》中,迪士尼排名第 18 位,是世界上最具影响力和价值的品牌之一。迪士尼业务涵盖以下领域。

(1)影视娱乐制作:迪士尼是美国最大的电影发行商之一,旗下拥有迪士尼制片厂、米拉麦克斯(Miramax)电影公司、皮克斯动画工作室、漫威漫画公司、梦工厂、卢卡斯影业、试金石电影公司、博伟影视公司、好莱坞电影公司、华特迪士尼电视、Touchstone 电视、BuenaVista 电视等。

(2)主题乐园及度假区:迪士尼是世界上最大的主题乐园集团,除了拥有六座全世界孩子和成年人的共同梦想——迪士尼主题乐园之外,还拥有两艘巨型游轮——迪士尼海上巡游线,在蔚蓝的大海上漂流。

(3)媒体网络:迪士尼旗下还有美国三大广播公司之一的 ABC 和体育品牌 ESPN(全球最大的体育电视网,24 小时不间断播出体育节目,覆盖全球 147 个国家)。ABC 广播公司旗下有 ABC 电视网和 ABC 广播网。ABC 电视网在全美主要大城市有 10 家电视台,225 个附属电视台,约有 1 亿用户;ABC 广播网在全美各地有 44 个广播电台,3400 个附属台。

(4)消费品:迪士尼从 1929 年就开始周边消

费品的授权,目前是世界最大的儿童消费品品牌,也是世界最大的儿童书籍出版商。作为全球最大的品牌消费品授权商,迪士尼和全球合作商推出包括服饰、玩具、食品、电子游戏等各种消费品。

此外,迪士尼还拥有 7 家日报和 2 家出版社。

6.1.3　与中国最有关联的新闻集团(News Corporation)

新闻集团是当今世界上规模最大、国际化程度最高的综合性媒体集团之一。在中国,提起新闻集团人们不一定都知道,但提起邓文迪一跃而起"虎妻"护夫事件,时尚娱乐传媒界人士一定知道。当然,现在已是时过境迁,物是人非了。鲁伯特·默多克作为新闻集团的主要股东和首席执行官,他的家族控制着集团 30% 的股份。2012 年财富世界 500 强排行榜上,新闻集团排名第 332 位。新闻集团经营的核心业务涵盖以下领域。

(1)报纸、杂志、书籍出版:它是当今世界上最大的英文报纸出版商,在全球范围内其报纸每周发行量逾 4000 万份,销售额和发行量居全球第一。在英国,40% 的报纸由新闻集团控股,包括《泰晤士报》《每日电讯》《镜报》《卫报》等 6 类发行量最大的报纸,还有《太阳报》《世界新闻报》等,其在英国的报纸日总发行量达到 2500 万份；在美国有《纽约邮报》《华尔街日报》；总计在全球有超过 130 家报纸。同时拥有哈珀柯林斯图书出版公司、专门出版基督教书籍的 Zondervan 出版社、Regan Books，以及《旗帜周刊》等众多杂志。

（2）电影、电视节目的制作和发行：二十世纪福克斯电影公司①发行了一系列电影，如《最长的一天》《埃及艳后》《音乐之声》《泰坦尼克号》《巴顿将军》《独立日》《荒岛余生》《星球大战》《小鬼当家》《博物馆之夜》《X 战警》《冰河世纪》《阿凡达》等；福克斯电视台在美国拥有 35 家电视台，统辖 188 家附属台，是美国第四大电视网，占全美电视台总数的 40%，每天 24 小时连续向全球 70 多个国家和地区的观众传送精彩纷呈的新闻和娱乐节目；新闻集团在拉美与 3 家电视台合作，通过卫星播送 150 套节目；新闻集团在欧洲、澳洲有天空电视台；在印度有 EETV；在亚洲星空传媒已经有超过 40 个电视频道，以 7 种语言向亚洲 53 个国家和地区超过 3 亿人口播出娱乐、体育、电影、音乐、新闻、纪录片等节目（熟悉的如星空卫视，卫视电

① 2018 年 7 月 27 日，迪士尼公司以 7.13 亿美元收购福克斯的电影和电视资产。

影台,卫视中文台,凤凰卫视资讯台、中文台、电影台,都有默多克的股份)。

（3）数字业务:新闻集团办有 9 个娱乐及新闻网站,这些网站与 Yahoo 相互链接,以期获得更多访问者;收购了 Intermix 媒体公司,将 Intermix 公司拥有的 MySpace.com 网站和其他 30 多家站点,都并入新闻集团的 Fox 交互式媒体部门,开拓互联网新闻博客和社区网络市场,仅此一项,新闻集团在美国的包月网络用户数量增长近一倍,超过 4500 万;拥有网络视频游戏公司 IGN Enter-tainment(下属网站包括 GameSpy.com,IGN.com 和 TeamXbox.com);同时它还拥有两家娱乐网站,其中包括在影迷中很流行的 Rotten Tomatoes。

（4）其他业务:拥有 Festival Mushroom Records 音乐;拥有全美橄榄球联盟 50%、纽约尼克斯队 20%、洛杉矶湖人队 9.8% 及纽约游骑兵队 40% 的所有权,以及 NDS 集团。

6.1.4 传奇激情的维亚康姆集团(Viacom)

现年 95 岁的维亚康姆集团老板雷石东绝对是传媒娱乐界的传奇人物,他在大多数人要退休颐养天年的年纪——63 岁开始倾其所有创业,目前还牢牢掌握集团至高权力。雷石东把维亚康姆集团塑造成世界上最大的媒体和娱乐集团之一，使其成为美国第三大传媒公司。

（1）电视网：维亚康姆电视台集团包括 39 座地方电视台，18 家联合派拉蒙的附属台，制作节目超过 55000 小时，在全美 20 个最大的电视收视市场中占据 15 个。MTV 是全球发行最广的音乐电视有线网，在 140 个国家和地区有 3.84 亿家庭收看。维亚康姆还有拥有 8700 万北美用户的、播放流行文化节目的 TNN，以及 MTV2、VH1、尼可罗迪恩儿童电视网、Nick at Nite、TV land、CMT、Digtal Suite from MTV 电视网。除此以外，MTV 电视网还提供包括电影、书籍、网络、消费产品在内的延伸品牌的综合娱乐节目。BET 电视网是黑人娱乐电视网，是美国国内最大的服务于非洲裔美国人的有线电视网；BET 国际频道的节目可以到达 30 个欧洲国家、36 个非洲国家；还有 BET 图书出版、BET 影视等。SNI 开演时间电视网，旗下有开演时间、电影频道、FLIX 和阳光舞蹈频道，以计次付费的方式给用户提供运动和娱乐活动的展览。与 HBO 联合拥有的喜剧中心频道，是美国唯一的全喜剧有线电视网。无线广播公司运营着 180 多家广播电台；无线户外广告在北美、欧洲都拥有财产，包括美国最大的 100 家市场。

（2）哥伦比亚（CBS）广播公司：拥有 7 座直营电视台，13 座广播台以及 200 多座附属电视台，电视收视率占全美家庭 31.53%，排名第一，广播收听率也排在各广播机构的首位。著名的栏目有《60 分钟》《晚间新闻》《面对面》《今天》《早安，美国》《幸运轮》《危险》《奥普拉·温芙瑞节目》以及 CBS 剧集《人见人爱雷蒙德》等。

（3）派拉蒙影业公司：群星环绕雪山的 logo 为人们所熟知，其多年来制作了许多脍炙人口的影片，如《翼》、《教父》、《夺宝奇兵》、《勇敢的心》、《阿甘正传》、《泰坦尼克号》（与 20 世纪福克斯共同出资）、《碟中谍》、《变脸》、《楚门的世界》、《拯救大兵瑞恩》、《星际旅行》、《古墓丽影》、《变形金刚》等。除了遍布全美的连锁影院，维亚康姆集团以多伦多为基地的公司在加拿大的 102 个城市或社区拥有 884 块银幕；与环球公司共同拥有 UCI 联合国际影片，发行派拉蒙电影公司在美国、加拿大以外国家和地区的影片；在英国、爱尔兰、德国、澳大利亚、西班牙、日本、意大利、葡萄牙、阿根廷、巴西、巴拿马等国家和地区拥有 104 家影院、868 块银幕；派拉蒙家庭娱乐过去还是全球最大的电影 VCD、DVD、录像带发行公司之一。

（4）因特网业务：MTVi 是全球著名的网络音

乐娱乐公司,旗下拥有 21 个站点,如 MTV、VH1、Sonicnet 等,在美国拥有 7900 多万家庭订户,并已覆盖全球 140 个国家和地区的 3.84 亿家庭;CBS New 是 CBS 的网上推广、内容提供站点,上网的节目有《幸存者》《人见人爱雷蒙德》《60 分钟》等;线上尼可罗迪恩是最受孩子和父母们欢迎的网站,旗下的站点有 Nickcom,Nickjr,Nick-at-nite,TV land,teachers. nick,gas. nick 等;维亚康姆互动投资主要经营因特网投资组合,与十几个网站有股份关系,如 CBS. MarketWatc,CBS. SportLine,Hollywood,Switchboard 以及免费门户网站 iWon 等。

(5)出版:拥有著名的西蒙和舒斯特出版公司,其是全美位居前 10 位的音乐出版公司和全球重要的多媒体音乐提供商,拥有超过 10 万种版权产品。

(6)其他:北美的五处派拉蒙主题公园和位于拉斯维加斯希尔顿的互动景点 Star Trek 每年接待游客将近 1300 万人次;维亚康姆消费产品的娱乐特许经营、连锁经营公司,是派拉蒙电影公司、派拉蒙电视、维亚康姆制片公司、斯派灵电视以及第三方公司的代理公司;维亚康姆还持有第一西屋公司等众多公司的股权。

　　无论时代华纳、迪士尼、新闻集团还是维亚康姆，它们在经历大众媒介的早期发展和黄金岁月里，缔造了一个又一个辉煌的成就，它们都是行业竞争绝对意义上的优胜者，从它们的经历中我们可以发现几个共同的特点。

　　一是这些传媒巨头都是靠"内容""渠道"取胜的，通过内容资源共享和发挥协同效应形成竞争优势。这些巨头把一种内容产品在电影、电视、广播、书籍、报刊、网络等渠道或通路进行共时性的复制与再现，而当产品下档后，又把在不同时期的同种内容转换成录像带、DVD、CD、有线电视节目、无线电视节目甚至主题公园和各种衍生品等，进行历时性的复制与再现。因此，优质内容的开发是这些传媒巨头一直追求的目标，没有好产品就没有市场。同时，它们尽一切力量通过尽可能多的传播分销渠道来分摊内容成本，以取得更大的收益，并使集团内部的各种媒介的特性之间形成优势互补。对于全球任何一种媒介类型和任何一种媒介内容形式来说，这些巨头都会成为主要的经营者和垄断者。

　　二是通过业内资本的不断纵横并购集中行业内最优质的资源。一般来讲，产业并购总是伴随企业发展的战略而进行，伴随产业结构的调整而出现。构建有价值的产业链包括行业内企业的整合性并购,也包括行业外企业的进入性并购。上述传媒巨头的合并基本上还是将一定地域空间范围内产业链的断环和孤环借助某种产业合作形式串联起来,要么延伸产业链,将一条已经存在的产业链尽可能地向上游技术研发和基础产业环节延伸,或向下游市场销售环节拓展。时代华纳主营电影转而收购 CNN 有线电视、网络服务、出版等;迪士尼从动画电影起家向主题公园消费品、电视网、出版延伸;新闻集团则恰恰相反,从传统报业起家,收购电视、电影和网络数字媒体;维亚康姆也以电视网起家,触及电影出版主题公园等。它们在资本并购中不断地打通产业上下游,优化资源配置,开拓新业务领域,创造盈利机会,最终快速获得"1+1>2"的效果。

但是,随着技术的发展,随着媒介生产和传播方式的彻底颠覆,传统媒介巨头的垄断地位和权力受到了用户和终端的挑战,传统媒介该何去何从?

6.2 技术入侵——科技浪潮下的媒介

"孤陈的城市在长夜中埋葬/他们记忆着最美丽的皇后/飘零在西落的太阳下/要先做一场梦……"这首诗出自一个叫"小冰"的机器人,它

来自微软,这是小冰在 2017 年 5 月出版的诗集《阳光失了玻璃窗》中的句子。为了学习写诗的技能,小冰"学习"了 20 世纪 20 年代以来 519 位诗人的现代诗,进行了超过 10000 次的训练。据估算,人类如果把这些诗读 10000 遍,大约需要 100 年。

岁月翻篇了,如今科技公司已经介入内容生产领域,从文学创作到各种资讯媒体,成为传媒业举足轻重的"人物"。

侵入传播媒介领域的有哪些具体的技术呢?美国科技大咖罗伯特·斯考伯和谢尔·伊斯雷尔在《即将到来的场景时代》一书中为我们介绍了未来 25 年互联网将会改变我们商业和个人生活的 5 种技术力量,即移动设备、社交媒体、大数据、传感器和定位系统,这 5 种原力以及它们之间的联动效应将会彻底改变我们未来的媒介价值。

移动设备的数量在飞速增长,其形式也越来越多。从最早的笔记本电脑淘汰台式电脑,人类开始了早期的设备移动化。但今天大多数人已经把不太灵便的笔记本电脑闲置在家或办公室了,人们会用更为轻便的平板电脑。据高德统计,全球平板电脑数量在 2016 年就已达 6.65 亿台。而对大多数人来说,智能手机是目前最主要的移动设备,个人和商务应用、社交和娱乐,甚至健身、健康和安全管理等方面都依赖智能手机。据英国《每日电讯报》网站报道,2018 年大约有 25.6 亿人,即世界人口的 1/3 使用智能手机。至于能解放双手的谷歌眼镜已经不是什么新鲜玩意儿了,多款可穿戴移动设备在外形上日新月异,而且以惊人的速度被人们所接受,可穿戴设备的年销量已由 2013 年的 1500 万台增加到 2017 年的 7000 万台。目前全球使用移动设备的用户人数已突破50 亿,以大约 75.11 亿的全球人口来计算,全球2/3 的人正在使用移动设备。

移动设备作为"获取互联网力量的关键,也是体验场景超级风暴的载体",它逼迫全球多家顶级媒体研发与移动场景相配的内容。《纽约时报》、《经济学人》、BuzzFeed、Vox 等不约而同地推出一分钟"喂饱读者"的"快新闻"。能用标题解释的就无须内容解释,能用要点说明的就无须完整文章,并且要保持主界面能够提供足够的新闻条数,如BuzzFeed News 在任何时候都能保持 20 条内容出现在主界面上,目的就是让读者在移动的碎片化的时间里快速有效地阅读新闻,提高新闻的"到达率"。

社交媒体是基于用户关系而建立的互联网内

容生产与交换平台。在社交网站、微博、微信、论坛、博客、播客等众多平台上，"无数的信息被网络中的节点（人）过滤并传播着，有价值的消息会被迅速传遍全球，无价值的信息则会被人们遗忘或者只能得到小范围的传播"，网民自发地在平台上贡献自己的经验、观点、意见和见解。技术支撑了网民表达自我和彼此互动的强烈愿望，而在自我表达和彼此互动中形成的社交氛围，会对社群用户行为产生重要意义。2011 年美国国会大选中，Facebook 定向向用户推送投票入口，结果发现那些收到朋友投票消息的人投票概率比那些没有收到朋友投票信息的人高出 0.93%，"一个用户的投票决定将会影响他在 Facebook 上的一个朋友做出同样的决定"。人的因素在所有的数字化的互动中再次被提到一个新的高度。

通过在线交谈，人们不但明确了自己的喜好、所处的位置以及希望追寻的目标，而且也发挥了"朋友圈影响力"。这些极富个性化的行为内容，在聚合了其他四种原力的基础上，"使得技术可以理解有关你是谁、你正在做什么以及你接下来可能做什么等场景"，因此极具前瞻性和创造力的公司已经在倾听这些需求，并以满足这些需求为基础快速推出产品和服务。

很多以兴趣为出发点的手机应用程序就是在这样的环境下开发运作的。"下厨房"App 用美食进行社交,用户登录以后可以看到自己好友分享的美食,可以看到流行的菜谱,可以看大师直播做菜并进行学习,可以参加厨友会的活动,可以直接在客户端购买食材器皿,俨然是美食社交。KEEP 类运动 App 不仅能让用户轻松记录自己的跑步、骑行、行走、瑜伽等锻炼时间,通过好友排名榜的点赞实现运动社交,发布自己的健身动态(文字、图片、视频),还提供健身教学视频和健身饮食指导,让用户知道自己"现在在做什么、如何能做得更好",让健身社交形成了在线交谈沟通的闭环,为用户带来了更加自信、有活力的圈子体验。

大数据是一种规模大到在获取、存储、管理、分析方面大大超出了传统数据库软件工具能力范围的数据集合。大数据的战略意义不在于掌握庞大的数据信息,而在于对这些含有意义的数据进行的专业的"加工能力",通过超强的"加工"发现有价值含量的"有用"数据才能实现数据的"增值"。麻省理工学院利用手机定位数据和交通数据建立城市规划,实时调整交通路线,躲避拥堵;梅西百货分析所有 SKU,对多达 7300 万种货品进行实时定价机制,以利润最大化为目标来定价

和清理库存;警方利用对点击流数据的分析和挖掘来预测社会行为,如洛杉矶警察局和加利福尼亚大学合作,利用大数据预测犯罪的发生;Google流感趋势利用搜索关键词预测禽流感的散布情况;等等。

"数字化时代,人们的生活惯性越来越多地被以数据的方式收集,通过数据库的方式存储",所以罗伯特·斯考伯和谢尔·伊斯雷尔说:"我们在网上所关注和需要的一切都来自数据。"大数据是了解用户生活习惯、为用户提供个性化信息和服务的方法和工具,通过对各类数据信息的自动分析,根据客户过往的购买数据,推送他可能感兴趣的优惠信息;基于用户以往的收看习惯,推荐几部适合他当下心理的影片,用户则不必从长长的列表中费劲挑选;今日头条在对海量用户的行为数据挖掘和分析的前提下,用个性化推荐算法的原理向用户推荐他可能感兴趣的内容。形象地解释就是,基于投票的方法,在某类人群中投放某些文章,每个用户有一票,喜欢哪一篇文章就投给哪一篇文章,经过统计之后,得出的结果可能就是某篇文章在这个人群中是最好的文章,于是这篇文章就被推荐给了同类用户。这就是在读懂用户的偏好、需求的基础上,定向推送个性化的内容。这些都是依据用户过往数据而提供的精准服务。

传感器从技术角度讲是一种检测装置,它感受到被测量的信息,并能将感受到的信息按一定规律传输出去。"和大数据一样,传感器不仅能看能听,甚至还能理解你正在做什么。"我们离开教室后会自动关闭的电灯、我们踏入商场时会自动打开的感应门、我们每日刷屏抢占"微信运动排行榜"所依赖的微信运动计步功能都是基于固定或移动端的传感器。

随着可穿戴设备的发明,Apple Watch、谷歌眼镜、小米手环等都可以通过小小的智能传感器实时精准地捕捉到用户的各种生理信息,读懂每一个用户的个性化需求。根据这些数据,可穿戴设备可以给用户提供最"知己"的信息。Apple Watch 有一套获得用户实时数据的程序,其利用这些实时数据有针对性地推送突发新闻,适时推送天气预报、股票涨跌、飞机误点、健康提醒等,如什么时候航班可以起飞,有什么替代性的出行方式,应该带什么衣服以防天气突变,试想一下,这些实时信息对个人来讲简直太贴心了。

另一方面,这些用户的体温、心跳、血压等实时信息还可以成为远程医学检测的素材,甚至可以成为新闻素材。美国路易斯维尔电台和肯塔基

州调查报道中心联合策划了一场与受众协同工作的报道活动。他们向肯塔基州的人发放可穿戴设备，并号召他们参与大规模的健康数据收集工作。通过对参与者的心率、脉搏以及睡眠时间等健康数据进行长达数年的收集工作，他们完成了有关肯塔基州居民健康状况的深度报道。传感器的使用帮助记者搜集到大量真实有效的数据，受众参与报道的过程，也极大地提高了他们对报道的兴趣，增强了用户与媒体之间的互动。试想，哪个人会对自己参与数据收集工作的报道不感兴趣呢？

在中国，新华网融媒体未来研究院与中国国家话剧院合作开展了国内首次剧场传感实验——《战马》"袭"心。观剧者佩戴的传感器记录下他们在观看话剧过程中或亢奋或冷静的情绪变化。通过测量这一变化，研究者总结出一份详细、完整的"观剧体验报告"——你可以准确地说出哪些段落让观众感到激动，同时，利用这份用户体验报告，能够找出最合适的广告插入时间，做出极具预测性的效果反应。

定位系统，理论上讲它是以确定空间位置为目标而构成的相互关联的一个集合体，最典型的技术就是 GPS（全球定位系统）。GPS 可对飞机、船舶、车辆等实现安全导航。对个人来讲，定位与个人通信终端如智能手机结合后,用户通过定位,就可以准确抵达目标,还可以找找周边吃的住的玩的;乘坐高铁下车伊始就会收到"×××欢迎您"的短信,收到当地的天气预报;还可以收到与用户自身物理距离最近的本地新闻或心理距离接近的实时新闻。2018年7月,在泰国清莱少年足球队队员及教练共13人洞穴遇险救援过程的连续报道中,多家新闻客户端的报道采用遇险洞穴定位地图,用二维或三维图片展示救险状态,让用户可以随时随地关注事态的发展,同时非常清晰地了解救险过程中的某一种地理环境状态。

定位服务的关键是了解用户的空间和环境,在明确用户空间和环境后,提供基于位置的特定服务。用户所处的场景分为固定场所,如办公室、宾馆、音乐厅、卧室、书房,或移动场所,如公共空间的运动场、购物场所、飞机场、火车站等。根据用户所处的场景或预测的即将出现的场景,可以生产出与场景配适的新产品、新内容或新服务。网络短剧大受欢迎,是满足了碎片化视频消费的需求。迷你网络喜剧《万万没想到》用夸张而幽默的方式,描述了超级屌丝王大锤意想不到的传奇故事,剧情内容包罗万象,从当下热门话题到经典历史故事。每集5分钟左右,一季6集,两季的播

放量已经超过 10 亿,成为年轻人坐地铁、等公交、吃便当时打发时间的利器。近几年流行的卡片式新闻阅读模式,在空间、时间和理念上都充分体现了用户的移动碎片化阅读需求以及自主选择的个性化需求。

最典型的美国 Vox.com 新闻网站,将某一新闻事件拆分为 10—20 张卡片,卡片题目简短,具有吸引力,如"乌克兰危机"新闻事件,他们的卡片标题为"'Ukraine'与'the Ukraine'有何不同""何为乌克兰危机""何为克里米亚"等 24 张卡片,通过卡片上的简短信息全面解释新闻事件,而且卡片被组成具有多种层次的卡片树,从主干到支干按照新闻话题、新闻阶段等摆放,大大减少了用户筛选新闻的时间,满足了用户的"速读"和"秒读"需求,使用户在尽量短的时间内,在移动的场景下最大限度地实现了自由选择。许多新闻客户端都会基于用户定位提供"本地页卡"服务,网易新闻客户端的顶部菜单栏会根据用户手机的自动定位改变城市新闻,在杭州就显示杭州的本地新闻,在沈阳就显示沈阳的本地新闻。

以五种技术为代表的科技"跑步侵入"媒介,媒介消费内容的方式随着设备从 PC 端到移动端不断演进,用户消费习惯的迁移倒逼了媒介内容制造和内容生产方式的改变,这一切都在不可避免地快速而强势地切换着,推动变化发生。

6.3 资本博弈——媒介洗牌的无形之手

2013 年,电商巨头亚马逊创始人杰夫·贝索斯以 2.5 亿美元收购《华盛顿邮报》;同年,阿里巴巴通过其全资子公司以 5.86 亿美元收购新浪微博 18%的股份,战略投资《商业评论》;2014 年,阿里巴巴耗资 8.04 亿美元获得文化中国 60%的股份(文化中国旗下有京华时报、费加罗 FIGARO 等媒体);2015 年,阿里巴巴与上海文广集团(SMG)达成战略合作,投资 12 亿元强势介入文广旗下第一财经的重组再造,进军数据和相关服务领域。此外,复星与南方报业集团、国家电网与21 世纪网、第一财经集团等都热衷于投资传媒。

资本为什么会青睐媒介? 它们会以什么样的标准来衡量投资价值,会认为什么样的情况才是值得出手的? 传媒业希望资本能够给行业带来什么? 能使现有传媒行业转型成功,重登巅峰?

资本青睐媒介的一个重要原因就是媒介具有巨大的溢价能力。资本对媒介一般先从下面几个方面衡量,再决定是否出手。

(1)有准确用户画像的媒介会受到资本青睐

（定位）。

目前，投入媒介的资本大致上分为企业资本和风险资本两种。企业资本有前文所讲的以亚马逊、阿里为代表的互联网企业资本，也有时代华纳、贝塔斯曼、康卡斯特这样的媒介资本，还有复星、国家电网之类的传统行业资本。

VICE 最初是加拿大政府资助的免费杂志《蒙特利尔之声》，1994 年改名为 VICE，并迁到纽约，开始大举扩张。目前，VICE 的分支机构遍布全球 38 个国家，并于 2013 年进入中国，建立了"VICE 中国"。VICE 的口号是"世界在下沉，我们在狂欢"，从其口号中大家可以感受到浓浓的"青年亚文化"精神气质。VICE 内容包含新闻、时尚、音乐、视频、文化、运动、美食、游戏等方方面面，其在报道中强调"说人话不怕敏感""给用户带去一种冲突感"。核心用户画像是 21—34 岁的男性，率性、随意、任性。因为这样的年轻人是新媒体的绝对使用者和传播者，也是广告主极其重视的金主。VICE 与众不同的定位，让众多风投公司喜欢：2011 年，全球最大的广告传播集团 WPP 投资了 VICE；2013 年，21 世纪福克斯对其投资了 7000 万美元；2014 年，A&E 电视网和硅谷风险资本公司 Technology Crossover Ventures 对其投资 5 亿美元。目前,VICE 这家专属年轻人的平台资产估值在 25 亿美元,打破了互联网原生数字媒体估值不超过 20 亿美元的天花板。

传统媒介中,财经媒体最易得到资本喜欢。金融时报集团被日本经济新闻社以 13 亿美元收购;SNL Financial 被麦格劳·希尔(标准普尔、《商业周刊》、麦格希教育的拥有者)以 22.3 亿美元收购。出现这一现象,很重要的原因是财经媒体鲜明的人群定位使其占据了资本市场话语权,其他的内容媒介是极少能拥有这样的品牌溢价的。

(2)有强大引流能力的媒介会受到资本的另眼相看(受众)。

与社交科技巨头 Facebook(2000 亿美元)、Instagram(350 亿美元)、Twitter(230 亿美元)相比,互联网原生数字媒介的估值是无法与它们相比的,即使我们前面提到的 VICE,估值也仅仅是区区 25 亿美元。但是资本对能带来流量提升的社交媒体还是非常感兴趣的。Vox Media 抓住了这个特点,全力运营"只发布于社交媒体平台的内容"。Vox Media 下辖的 7 家垂直媒体能够大范围粘住不同群体用户,如旗下的 SB Nation, The Verge, Vox. com, Eater 等。无论是关注投资的、实时新闻的用户,还是关注美食的、时尚穿着的用

户,Vox 都能把量身定制的内容推送给这些特定的读者,以高质量内容吸引人流。而且 Vox Media 在 Facebook,Instagram,Vine 等多个社交网站平台上开设账号入口,形成文字、图片、视频等多样化的内容传播形式,做好在恰当的时间推送合适内容的服务,做好推送时间的蹭热点工作,还在 SB Nation(体育网站)发布超级碗内容,吸引读者刷屏。据统计,Vox Media 旗下网站每月独立访客超过 1 亿,阅读量超过 4 亿,先后吸引了著名投资公司 General·Atlantic 4650 万美元和 NB(环球集团)2 亿美元的投资。

(3)有 IP 制造能力的媒介会受到资本肯定(内容)。

以电影业为例,资本选择投资会考量两种情况。一是看与相关的影视公司达成战略合作能否获得长期、稳定的内容供应。华策影视具有超强的内容制作能力,这几年的爆款电视剧《中国往事》《微微一笑很倾城》《何以笙箫默》《杉杉来了》《三生三世十里桃花》等,以及电影《我的少女时代》《刺客聂隐娘》等都出自华策。华策年出品精品影视剧超 1000 集,电影 10 余部,大型综艺数部,年影视剧产量全球第一;在全国卫视电视剧播出量中,华策占比 18%,是全国第一;在全国网络视频新剧点击量中,占比 15％,也是全国第一。小米科技、百度都投资华策,就是看中了华策超强的内容制作能力。

二是选择有超强影响力的导演直接签约,出品自制 IP 内容。如百度旗下的爱奇艺影业抢下了中国香港导演王晶,王晶是香港从 20 世纪 80 年代到今天长盛不衰的娱乐电影的代表,与他的合作可以帮助爱奇艺在内容制作上快速取得进步。同时,百度以百度文学和旗下的爱奇艺原创资源作为 IP 获取的排头兵,加紧进军电影产业上游。著名教授、学者张颐武认为,互联网公司纷纷进军电影界是个必然结果。"互联网公司拥有大量资金,又拥有播放平台,以及下游的用户资源,必然就会选择向上游产业进军,试图形成一个完整的产业链。"

(4)有技术突破能力的媒介会受到追捧(技术)。

目前与媒介相关的技术有三大类:一是帮助人们了解和探索世界认知范围与想象空间的,如 VR、AR、全息、动作捕捉等技术;二是洞悉、了解人性和自我的,如大数据和 AI 等技术;三是使人们探索世界和洞悉自我时变得更加有效率的,如光网、无线充电、新能源等技术。对这些现在和未来影响人类生活的技术趋势,资本会以它们的先

天敏感先期拥抱。2018 年 5 月 18 日，凤凰数字科技团队联合故宫专家在国内首次创作了数字艺术长卷《清明上河图 3.0》，借助当今科技手段，打造了一处融合 8K 超高清数字互动技术、4D 动感影像，以及众多艺术形态的多层次交互沉浸式体验空间，把画中 814 个角色，上百艘大小客船，诸多车马树木极致还原，让静态的画面、文字、文物动起来，活起来，打破了观众与文物、与画卷的对立。这一全新的形态，在全球博物馆及文创领域都尚无先例。Vox 推出的"内容管理系统"——Chorus 也非常著名，它能帮助编辑进行内容编写、管理和发布，并且会随时提供有关网站的各项流量数据，协助编辑进行平台内容分发、社区管理和文章评论管理等工作，有效提升了工作效率。Vox 一直声称自己不是一家单纯的媒介公司，而是一家技术公司。《纽约时报》也把 Vox 定位为"玩转媒体的科技公司"，这一定位让投资者对其未来更加充满信心。

（5）有清晰可持续商业模式的媒介受到推崇（商业）。

投资者的最终目的是盈利，因此对那些有清晰的商业模式的媒介会特别关注。所谓商业模式，通俗讲就是有哪些赚钱的方法。媒介赚钱的方法无外乎卖内容、卖广告、卖衍生产品、做业内业外投资等。如何保持这些持续的盈利能力,并且随着用户、技术的变迁,保持持续的市场预见力和资源整合创新力是投资者最为看重的。例如,同样靠广告盈利,VICE 的创新手段就不一样,它是定制广告。VICE 先定制内容,推送给广告主,由他们选择是否赞助。广告主愿意的话,大家共同讨论的目标是"品牌想传递的理想而不是直接推销产品"。The North Face 曾经赞助 VICE 拍摄"探访住在地球上最荒凉地方的人"系列视频广告,我们可以看到,播出的广告既符合 VICE 的定位,也符合 The North Face 的品牌文化。阿里巴巴入主第一财经,是因为后者在财经数据业务方面的能力会带来新的数据类产品。目前,支付宝将第一财经作为股票行情系统的资讯提供商,成立互联网金融智库,联合推出"中国消费大数据"。

目前资本介入媒介的主要形式有以下几种:并购、重组、上市。

2013—2015 年是媒介并购高潮期。2013 年传媒行业并购 71 起,并购金额 332.4 亿元;2015 年并购数达到 194 起,并购金额高达 1140.3 亿元。然而"喧嚣"过后,2016 年并购大潮开始回落。我们就以 2015 年为例看看世界范围内的各种收购:

《日本经济新闻》以 13 亿美元收购了成立于 1884 年的英国《金融时报》；培生集团把所持有的《经济学人》股权转让给《经济学人》的现有股东（拥有菲亚特集团的意大利阿涅利家族）和集团本身；NBC 环球集团以 2 亿美元收购 Vox 和 BuzzFeed 的部分股份；赫斯特集团以 2100 万美元收购 Complex（一家专注于青年男士消费方式的媒体）；时代集团以 2000 万美元收购时尚网站 Nell Giggles（一家专注于年轻女性群体的网站）；德国媒体巨头 Axel Springer 收购科技博客 Business Insider；电信运营商 Verizon 以 44 亿美元收购 AOL（美国在线）。

在中国，BAT 看中了电影市场。阿里巴巴入股华谊兄弟、光线传媒、博纳影业等传统影业集团，还收购了商业评论、新浪微博、文化中国、华数传媒、优酷土豆、虎嗅网、第一财经、博雅天下等。2016 年 10 月，阿里巴巴旗下的阿里影业入股导演斯皮尔伯格旗下的 Amblin Partners。2016 年 6 月，腾讯收购好莱坞制片公司 IM Global 的控股权，又在 8 月投资了好莱坞制片厂 STX 娱乐公司。

除了入股，资本还驱动了媒介的内部重组。近几年最为典型的是上海东方传媒集团有限公司（SMG，原上海文广新闻传媒集团），集团主营广播电视媒体及相关传媒娱乐业务(包括演艺、体育、技术服务与研发、传媒娱乐投资等)。2015年,集团整合旗下机构,由下辖的上市公司百事通和东方明珠换股合并,募集重组相应的配套运转资金,整合出牌照发行、内容产品和渠道推广三大块业务,将集团下辖的不同部门的优秀资源集中于三大板块下,而大批分类过细、交叉过多、资源分散的传统媒体,重组后向新媒体转型,从内容、渠道、平台组成垂直生态圈,增强竞争力。

上市也是媒体颠覆自己的重要途径。大致上有以下几类:一是中央一级地方传媒机构改制后的上市公司,如中视传媒(央视)、出版传媒(辽宁出版)、新华传媒(新华书店)、歌华有线(北京有线电视)、博瑞传播(成都)、粤传媒、南方报业传媒、浙报传媒、中国电影;二是民营的文化娱乐公司,如光线传媒、分众传媒、华谊兄弟、本山传媒,包括现在大量影视明星组合的在新三板上市的公司;三是非娱乐业的跨界投资公司,如万达院线、世纪游轮;四是互联网科技的跨界公司,如虎嗅网。

截至 2017 年 3 月 31 日收盘,中国 A 股传媒行业上市公司市值总额为 20587.4 亿元,其中市值超过 100 亿元的公司有 66 家,市值超过 200 亿元的公司有 31 家,市值超过 500 亿元的公司有 6

家,分别为世纪游轮、分众传媒、乐视网、万达院线、东方明珠、东方财富,其中世纪游轮和分众传媒均超过 1000 亿元。传媒机构扎堆上市有多种复杂原因。对传统媒介来讲,其已经到了不改不行的转型关键期,选择上市是为了直接在资本市场融资;而其他类型的传媒机构谋求上市,有些是出于"占个坑"的心态,有些是希望快速融资,形成强大的聚合力。但是从已经上市的传媒企业的起起落落来看,来去匆匆者众,能否杀出一批优质的传媒企业,在资本的博弈中生存下来,有待时间检验。

7 融合创新——场景时代的媒介新玩法

国内知名的传媒学者胡正荣在总结媒介的变迁时说，媒介的变化和融合经历了三个时代：内容媒介时代、社交媒介时代和场景媒介时代。三个时代变化的根本原因是智能硬件技术的突破、受众的迁移。各种媒介在内容制造和传播渠道上的玩法创新也是由技术突破和受众迁移带来的。

7.1 基于技术的玩法

早在 2012 年，美国《新闻周刊》的前记者诺尼·德拉佩纳与加州大学学生、VR"极客"帕尔默·洛基（Palmer Luckey）合作，推出了世界上第一款 VR 深度报道纪录片《饥饿洛杉矶》。该纪录片记录了洛杉矶等待救济的贫民的状态。在 8 月炎热的洛杉矶街头，几位城市贫民在骄阳下焦急地等待着救济食品的发放。这时，一位身患糖尿

病的老人晕倒在地上。体验者通过所佩戴的头盔能够近距离地直视瘫倒在地上的老人,身临其境地感受老人脸上痛苦的表情、发出的呻吟声,以及不断抽搐的身体,还能以第一视角目睹围观者的表情和反应。这种近距离的强烈的感官刺激,在很多体验者脑海中留下了恐惧、无助的深刻印象;有些人甚至认为自己也是围观群众,身体不由自主地移动起来,去触摸地上那个并不存在的老者;还有些人看到结尾处哭出了声。此 VR 纪录片在当年的圣丹斯电影节上一炮打响,首次向世人展现了 VR 强大的新闻叙事潜力。

据记载,诺尼·德拉佩纳是 VR 新闻概念最早的提出者、实践者。有趣的是,VR"极客"帕尔默·洛基一举成名后,立即辍学创业,获得了 25 万美元的众筹投资,并于一年后推出了革命性的 VR 头显,成为硅谷最为年轻的亿万富翁。

此后,诺尼·德拉佩纳继续在 VR 新闻上探索前行。2012 年 2 月 26 日,美国佛罗里达州 17 岁黑人少年特雷沃恩·马丁(Trayvon Martin)被 28 岁的白人乔治·齐默曼(George Zimmerman)枪击身亡。当时马丁在商店买了一些食物和饮料,去拜访父亲。就在马丁进入小区后不久,小区看守人齐默曼看到了他,并认为他行踪可疑。齐默曼随后联系了警察局,向警察报告在小区内有一个他自己认为行踪可疑的人。不久之后,马丁和齐默曼发生了口角,随后马丁被齐默曼在近处用枪击中胸部身亡。警察到达现场后,齐默曼解释称是自卫,警察采信了他的说法,所以没有逮捕他。很多人认为这是种族歧视导致的悲剧,此案在美国社会舆论界闹得沸沸扬扬。

德拉佩纳说:"我觉得这个故事代表了美国当下存在的一个重大问题。"在短短几周内,他的公司制作了关于这一事件的"沉浸式新闻片"。听一下美国知名科技媒体人希格恩·布鲁斯特(Signe Brewster)看了该片的感受:"我戴着三星 Gear 虚拟现实头戴设备,看着马丁在 7-11 便利店购买食物饮料,那是监控摄像头拍摄的颗粒感很强的视频。然后我将视角转到了马丁和齐默曼最初遭遇的动画重建场景上。当两人奔跑到视野之外后,真实的 911 报警音频开始播放,我被切换到目击者的角度。枪响了,我打了个哆嗦。马丁丧生的时候身临其境仍然有些让人吃不消。"

很多机构都对虚拟现实新闻表现出兴趣。

世界经济论坛委托南加州大学互动媒体实验室制作了名为《叙利亚项目》的视频,旨在利用虚拟现实技术讲述战争中儿童遭遇的痛苦,再现内

战中的叙利亚。体验者说："戴着头戴设备,我进入了叙利亚城市街道的动画重建场景中。忙碌嘈杂的集市,熙熙攘攘的人群,一个小女孩唱着歌,这时火箭弹袭来,砰的一声巨响,身边腾起了烟雾以及爆炸特有的硫黄味,我周围的人和物都被放倒,我出现了短暂的耳鸣和近乎晕厥的感受。然后场景切换到了难民营。"

2013 年,美国《得梅因纪事报》(属甘奈特报业集团)记者拍摄了一部大型解释性新闻报道——"变化的丰收",在其网站推出。该报道除了文字、图片、信息图表、音频、视频等元素外,还开发了虚拟现实的农场体验板块。用户使用 Oculus Rifi(头盔眼镜)虚拟现实技术,可以身临其境地到报道对象达曼的家庭农场参观游览,比如可以随达曼家人一起去教堂做礼拜,在 360°全景视角中参与教会活动,而画外音则解释了宗教在达曼家族里的重要意义;用户可以通过 360°视频来和达曼家人及农场的其他人进行交互。通过对农场的历史变迁和现状的描绘,该报道解释了技术进步、移民浪潮和全球化趋势等因素对美国农业社会和达曼家这样的家庭农场的影响。上线当天,该报道的点击率就达到了普通新闻的近 15 倍。

游戏、虚拟现实和可穿戴技术等新技术与新闻的结合，改变了新闻媒介生产的方式。VR 技术作为传播媒介具有两大核心优势：一是其高度仿真现实情境的"复现"能力；二是其借助器械模拟人体感官，使受众仿佛沉浸于新闻现场或故事情境之中，具有"临场"效果。利用 VR 技术，用户足不出户就能"亲临"新闻现场，受众被代入新闻现场，成为新闻现场的一分子后，很难发现自己身处虚拟场景，受众也就从传统新闻中的"旁观者"转化为主动的、基于生物感官本能的"体验者"，虚拟的现实成了真正的现实。

类似的新闻实践在此后不断推出。BBC、纽约时报、产经新闻、华尔街日报、Prime 等互联网媒介公司纷纷试水，将虚拟现实技术作为吸引受众的一种新手段，利用它提供不同角度的报道。

《纽约时报》的"漫步纽约"讲述了为《纽约时报》杂志拍摄封面的艺术家的故事。观众只需要佩戴一副 Google Cardboard 或者其他移动虚拟现实装备，然后再安装一个名叫 VRSE 的移动App，就可以观看并体验这部运用虚拟现实技术拍摄的纪录片。进入体验模式，参与者就可以体会到艺术家拍摄的每一个细节，包括对街道的拍摄，摄制组的工作，如何在纽约曼哈顿区 Flatiron

广场的人行道上贴上这幅 150 英尺①长的巨幅照片，以及在直升机上航拍的过程，纪录片将观众真正带入新闻故事中。

除了虚拟现实技术的玩法外，现在另一个技术热点是无人机新闻的运用。

业界有人认为 2015 年是无人机新闻的元年，原因在于许多互联网巨头如 Google、Facebook、亚马逊等都宣布进入无人机技术研发领域，同时，BBC、CNN、纽约时报、华盛顿邮报、半岛电视台等多家新闻媒介都表示将利用无人机进行航拍和采集图片素材。在中国，无人机试验也在同步进行，新华网组建了中国第一个无人机新闻采编队；搜狐新闻无人机频道在搜狐网和搜狐新闻 App 同时上线，这标志着我国门户网站第一个无人机频道成立。

2015 年 8 月 27 日，无人机对天津港"8·12"特大火灾爆炸事故后第 15 天的现场进行了航拍。从高空俯瞰爆炸现场，爆炸现场的平静与"黑洞"形成了强烈的视觉反差，画面的视觉冲击力以及蕴含的内在信息量是难以用文字描述出来的。该新闻图片获得了 2016 年第 26 届中国新闻奖摄影

---

① 150 英尺为 45.72 米。

类三等奖。无人机在对待突发事件、灾难性事件，以及保障记者人身安全方面都有很大贡献。

无人机拍摄的新闻图片分辨率高、视频清晰度高，给读者更好的视觉体验。美国国家公共广播（NPR）对密西西比农场进行了无人机航拍，一望无际的棉花农场、在风中摇曳的棉花花蕾，给人以极致的视觉享受。

结合移动技术，利用航拍对新闻进行现场直播，把信息实时传递到互联网上，移动手机用户可以很方便地接收无人机拍摄的信号。2016 年 4 月，在美国旧金山举行的社交网站脸书 F8 开发者大会上，一架无人机对脸书创始人兼首席执行官扎克伯格进行跟拍，直播画面通过脸书的直播页面和脸书 App 实时传送给了数亿用户。

当前，使用无人机航拍已经成为主流媒体采集新闻素材的重要手段之一，但是也引起了相关争议。争议主要集中在无人机操作和技术的安全问题上。在 2015 年达沃斯世界经济论坛上，三位 BBC 记者因违反高级别安全协议而受到瑞士警方的质问；其次是隐私问题及法律问题。但是无人机航拍新闻具有视角独特、时效性强、不受空间限制、保证记者安全、给受众全新的体验等特点，会为未来无人机新闻带来突破。

7.2　基于交互的玩法

根据皮尤研究中心的研究：63％的用户在Facebook和Twitter这样的社交网络上获取新闻资源，其原因很多，包括个人行为变化、新闻机构行动、变化的平台过滤算法及内容结构。自从社交媒体成为人们获取信息的重要来源后，社交平台恍然大悟，自己拥有的强大平台和用户是重要入口，而媒体只需和他们合作，成为内容提供商，用户就会从一般平台向社交媒介迁移。

社交媒介玩新闻目前有两种途径。

一是各大社交平台把自己塑造成新闻集成平台，或提供便利工具吸引用户。

Facebook在2015年推出交互式新平台Instant Articles（即时新闻）。Instant Articles的一个重要功能是为用户提供更快的阅读体验。一般情况下，我们在Facebook App上点击一个文章链接时，无论网站的优化程度如何，我们都需要等待加载，才能读到想要的内容，而加载的平均耗时长达8秒。Facebook的Instant Articles很好地解决了用户等待加载的问题，它允许发布者将文章内容直接储存在Facebook系统，当读者点击文章链接时，不会被引导到其他网站上，而是能立刻在弹出的窗口中阅读文章、下载网页内容。快速的移动页面加载让一些媒体对 Instant Articles 推崇备至，目前有超过 100 家媒体机构使用该工具推广自己的内容。Instant Articles 另一个重要特点是加入了一系列互动功能。读者可以通过倾斜手机查看高清图片，可以滚屏自动播放视频，还可以在字里行间点赞和评论。甚至，"如果用户在 Facebook 中浏览了一篇 Instant Articles 的内容，并且觉得认同的话，打赏的钱将直接发给内容提供商，Facebook 不会从中扣除任何金额"。

Facebook 还推出了 Mentions，利用 Mentions 中的热门标签功能，为记者用户增加与受众的互动机会。当用户进入标签时会出现一个话题列表，记者和粉丝就可以讨论热门话题。这个标签的功能对于记者来说真的很实用，它不仅会展示出你所关注的话题，同样让读者更方便地获取报道链接；记者还可以在 CMS 中将 Facebook 的元数据加入作者详情中，通过设置，就可以看到读者对他文章的评论；当有人不理解文章内容的时候，记者还能随时加入对话进行说明。目前，Facebook 已将 Mentions 推广至 Android 平台，帮助更多记者使用 Mentions 的功能，这样也会有更多的人加入 Facebook。

这些科技巨头的技术开发，最终目的不仅是建立新的聚合入口，还想通过为记者提供服务、为受众提供体验，真正钳制媒介内容生产者这些大佬，无限扩大用户基数，挖掘新的增长点。

二是平台提供各种工具鼓励记者或普通人众包内容。

2009 年，英国发生国会议员利用制度上的缺陷，用公款报销私人账单的丑闻。卫报的竞争对手每日电讯报由于事先获得英国议会议员违规消费的内部消息，抢先进行了跟踪揭露报道。在报道时间上已落后的卫报，只能别出心裁博眼球。此前英国政府为了回应公众的不满情绪，将所有议员 4 年以来的花费情况通过网络公布出来，总共有 100 多万份文件，而且都是未经整理的数据文档，以此表明政府反腐的决心。但是英国公众普遍认为，此举是政府想阻止媒体对这一丑闻进行深入调查的手段。而依靠报社记者的力量把 100 多万份文件核查清楚，将会是一件非常耗时耗力的事。因此卫报抓住时机，创建了一个网站，邀请读者一起来调查英国议员的消费情况，结果有 2 万多名读者参与了这次调查活动。

卫报设计了一个类似游戏网站的页面，将 100 多万份文件压缩为 458832 份文件上传，让读者以一种游戏的方式来选择自己想查看的议员记录,并将这些记录分为无趣、有趣、有趣但已知晓、建议调查四个类别,结果在该调查项目上线的 80 个小时内,就有 17 万份文件被读者审查完毕;与此同时,卫报围绕这一大型众包调查活动,建立了一个读者社区。

卫报的这次众包调查新闻活动,帮助专业新闻媒体摆脱了资源有限的困境,而且在社区中通过自我组织凝聚成一股高效的生产力,再次向人们展现了互联网重建社区的功能。

此后的卫报不断推出一些众包新闻项目。其在网站"数据博客"中不断提出一些调查计划,让读者积极参与。在 2011 年夏天的伦敦骚乱事件和安哥拉公民吉米·穆班加死亡案件的审理中,卫报都发起过众包调查。2013 年 4 月,卫报还专门创建了一个数字平台"卫报见证",希望通过众包模式让读者为一些专题新闻调查提供图片、视频等资料。2013 年 11 月的统计显示,卫报网站的读者已经超过 1.4 亿,它已成为当时英国访问量最大的新闻网站。

同样,BBC 也积极鼓励用户参与新闻制作。伦敦地铁爆炸案发生后,BBC 新闻网收到了用户提供的近 1000 张图片、4000 余条短信、2 万多封

邮件和 20 个录像,这些第一手新闻资料为 BBC 的信息发布提供了极为重要的支持。

CNN 早在 2006 年就推出了应对公民新闻挑战的众包新闻平台 iReport,并在 2011 年将其升级,开发出了移动设备上的客户端。2013 年 4 月 15 日波士顿爆炸案中,CNN 除充分发挥在突发新闻事件中丰富的现场报道、动态追击报道和实时滚动报道的传统优势经验外,也充分发挥了社交网络媒介的优势。CNN 通过社交网络媒介,充分发动全球范围的用户展开实时搜索、汇总、整理、公布波士顿爆炸案的图片、视频等信息,用户可以通过 CNN iReport 这一平台参与 CNN 的新闻采集、制作、传播、讨论。CNN iReport 通过网站接收、传播、检索、发布,不仅成为一个集成"大数据"的资料空间域,提供足量的新闻资源和素材,而且通过平台用户自主选题、采访写作,把新闻制作的过程交付给公众。在波士顿爆炸案的相关报道中,CNN 的收视率飙升了 200%,创下伊拉克战争爆发以来最高的收视率纪录。

2015 年 9 月,iReport 上的一位用户发起对欧洲难民危机的讨论,结果在短短 9 天内,该话题下出现了 56 篇报道,再次表明了与其每天苦思冥想揣测受众喜欢和感兴趣的话题,不如把内容选

题放手给受众,以此培养和拉近与受众的深层
关系。

7.3　基于场景的玩法

随着移动智能设备的出现,场景成为我们理
解受众需求的重要洞察点,也是我们设计产品与
服务的核心点。所谓场景,简单来说就是什么样
的受众在什么时间、什么地点、基于什么目的、需
要什么内容、用什么样的方式进行这样的消费。
通过对用户场景的深入理解,通过适配场景,就能
创造出新的商业价值。

喜马拉雅 FM 就按照场景化的思路进行产品
开发,将一般用户日常生活的时间流程分为"清
晨""卫生间""厨房""在路上""深夜"等场景,喜马
拉雅根据用户所处场景开发出不同的适配内容:
在清晨时段推送《郭德纲超清经典相声集》,在零
碎时间推送《三分钟网球新闻》,在下午茶时间推
送《老歌里有故事》,在接孩子放学回家的时间推
送《舒克贝塔历险记》,在深夜时间推送《晚安·陌
生人》情感生活频道……用户可以根据自己的场
景需求,随听随用。

BBC 发现,年轻的千禧一代读者与老一代读
者相比,他们与新闻互动的方式截然不同,现在

BBC 60％的数字流量来自移动端和平板，因此迫切希望将自产的新闻卖给年轻一代用户。早在2007年，BBC就将原来旗下互不干涉的电台、电视台和网络三大部门整合成"多媒体新闻编辑部"和"多媒体节目部"两大"超级编辑部"，开始转型，经过各种尝试后更坚定了改变的决心。

2015年，BBC新闻采访副主管Sara Beck代表BBC发布了有关视频内容制作的新规则。新规则有以下一些规定。

音乐：新闻报道中不应该使用音乐；如果是专题报道，使用的音乐必须合适，且"越少越好"。音乐本身决不能替代叙事成为主角。

碎片：现在的读者拥有无限的选择，但消费内容的时间是有限的。移动端的新闻消费行为就像吃零食一样，人们经常去看，但并不会长时间阅读。

简洁：一个完整视频的长度应控制在1分钟到1.5分钟之间。如果拍摄或故事本身的确很吸引人，才能考虑适当延长长度。最简洁的才是最好的。

私密：手捧移动设备进行阅读是带有私密感的，是一种很随意的非正式行为。所以读者看到的视频也应该具有亲密随意感，像"朋友之间讲故事"那样。

时尚：移动端视频要给人既新奇又时髦的感觉。

亲近：如果视频故事大部分内容是由拍摄对象来讲述的，那么不妨尝试让他们直视镜头来讲述，这样移动端读者观看视频时，会产生更亲近随和的体验。

这六大关键词充分显示了 BBC 等大牌媒体都在"委身"向 BuzzFeed 这样的新媒体学习，探索移动场景下的用户阅读需求，通过制作通俗短小视频来亲近年轻移动用户。

在随后的行动中，BBC 推出了一个名叫 Newstream的项目。Newstream 项目的主要目标群体是年轻的、经常使用移动设备的新闻消费者，目的是帮助他们随时获取新闻内容。该项目以视频服务为基准，辅助以音频、图表和文本。BBC 相关人士说："这个新项目既包含 BBC 传统的解释性新闻报道，又有许多新意。"该计划的最终目标是逐渐取代 BBC 目前进行的一些新闻报道服务，例如电视上的 BBC 新闻频道。该项目在适配移动场景方面有多种具体做法。

BBC 在 Instagram 上推出的 Instafax 短视频新闻服务就是其中之一。BBC 认为："年轻人依

然非常看重正直的新闻提供者,只不过他们消费新闻的方式变了——现在,他们都在移动端上消费新闻,而不是在智能电视上。"用户在 Instagram 上关注 BBC 的官方账号,就能收看 15 秒的视频短新闻;如需要,可以通过链接前往 BBC 观看完整视频。短视频新闻的时长符合移动场景下对内容轻量化的要求,同时以 Instafax 社交平台为入口,也符合移动用户的社交分享需求,BBC 构建了媒体—社交的新闻消费场景。

BBC 还在 Facebook 和 Twitter 上推出名为"BBC Go Figure"的数据新闻图片栏目。该栏目每天向移动用户推出一张数据新闻图片,每周进行内容汇总,选择重点向用户提供本周综述版。卡片式新闻帮助移动用户在碎片化时间场景中快速阅尽一周要闻。

BBC 电台 Radio 1 及 Radio 1 Xtra 推出《新闻节拍》(Newsbeat)节目,这是一档瞄准 16—24 岁年龄群的新闻资讯节目。这些年轻人往往以接受娱乐性资讯为主,而且很多人是通过朋友及家庭成员发来的链接在社交媒体上观看新闻。相对于 BBC 其他较为正统严肃的新闻,Newsbeat 以简明生动、年轻跳跃的风格,提供娱乐及即兴式的新闻。BBC 电台还适时推出移动端 1 分钟新闻快报音频 Minute，以 Newsbeat 的节拍风格，面向全球听众每半小时更新一次，旨在将滚动新闻变为流动的实时新闻播报，从而产出更加友好的新闻内容。

就目前移动智能设备在技术上的要求，小屏化、碎片化（短新闻）、可视化、音频化、体验化等，成为传统媒介转型和新媒介抢占新领域的重要手段，终极目标与用户习惯向简短碎片、参与互动、新潮时尚等多样化需求与趋势发展。

类似的变革创新，在众多媒介领域层出不穷，方兴未艾。

8　世界链接——媒介的全球视阈

全球化在当下是极其敏感和热门的词,英国的脱欧公投、意大利的脱欧对决、是否拯救陷于危机的希腊政府、欧盟要不要接纳中东难民、特朗普的全球贸易战……世界纷纷扰扰的背后,是各种价值观的博弈,其中就有对全球化的态度问题。

8.1　消失的边界——媒介全球化表现

普通人对媒介全球化的认识,更多的来自对现实生活样式的真切感受:你可以欣赏到迪士尼的《冰雪奇缘》《海底总动员》《马达加斯加》《阿凡达》;你可以刷着 BBC News 移动端每天更新推送的全球新闻;你也可以共享 Instagram 上时刻翻新的全球名人、达人、普通人发布的图片……在政治、经济、文化的全球化浪潮中,媒介作为内容的载体,一直在全球交流中起着重要的沟通作用。

媒介全球化趋势从国际性的经营角度来看已

经存在多年。20世纪影响巨大的刊物《读者文摘》创刊于1922年,到1935年发行量在美国本土就达100万册。1939年,杂志创始人德惠特·华莱士在英国发行第一个海外版,《读者文摘》开始杀入海外市场。作为世界上最畅销的杂志之一,《读者文摘》现有48个版本,用19种语言在世界60多个国家出版发行,为全球不同年龄及文化背景的读者提供幽默笑话、健康、体育、旅游、生态、科学、教育、政府、国际事务、商业等多个领域的内容。对读者来说,既增进了生活情趣,拓展了知识,又启迪心灵,提高了生活品质。

同样,美国电影生产商在20世纪30年代也开始海外扩展,为电影添加字幕或配音对白,以适应在不同国家的发行。

通过开设国外分支机构、跨国收购、合并及联合,全球性的媒介公司不断出现。如传统型的全球媒体企业美国时代华纳公司、世界传媒大王默多克、法国媒体跨国集团维旺迪、德国传媒巨头贝塔斯曼等,以庞大的规模和报纸、杂志、书籍、广播、电视、电影、音乐、互联网等多种媒介类型的分工组合,从内容生产到传输到用户服务控制,到其他媒体对这些传媒巨头的渠道依赖和内容依赖,构成了一个强大的媒介帝国,构建了一个巨大的

全球媒体版图。

看一下全球第三大媒体娱乐公司迪士尼集团吧。

迪士尼的传统媒体网络经过多年的经营，目前规模庞大，电视媒体有 ABC 电视网络（ABC Television Network）、ESPN、Disney Channel、FOX 家庭频道等有线电视网络（Cable Network）；广播媒体有 ABC 广播网络。ABC 电视网络拥有 200 多家附属电视台、10 多个无线电台，拥有全球最大的体育媒体 ESPN 80％的股份；ABC 广播网络是美国三大商业广播电视网之一，拥有超过 8900 个节目和 4600 个附属广播台。

在互联网冲击下，迪士尼早就积极布局互联网媒体，有 Disney.com，ABC.com，ABC news.com，ESPN.com 等网站。2015 年，迪士尼互动媒体和迪士尼消费产品两个部门合并，组建了迪士尼消费产品和互动媒体部门。迪士尼互动媒体的全平台粉丝已达 11.5 亿。这些平台包括 Facebook，Twitter，Instagram，Tumblr，Pinterest，YouTube，Snapchat，Vine，等等，月观看量达到 3.25 亿次。

迪士尼全球渠道布局完成后，其出品的专属内容便通过庞大的媒体网络选配好最合适的渠道进行全球性发布。迪士尼国际部总裁安迪·博得说：
我们的目标是让海外收入达到总收入的50％。

为了实现这个目标，迪士尼的全球化战略是，
所有的部门和分支机构都必须齐心协力。所有的
文化内容都由持有版权的旗下公司制作，然后再
将这些内容产品转换成无数的节目和故事片系
列，用于集团旗下的各个媒体。这些媒体包括有
线电视网以及像EPSN STAR（与新闻集团合资
的传媒公司）和UTV（印度最大的主流娱乐公司）
这样的海外电视频道。这些内容产品也被同步转
换成其他形式以用于家庭录像、数码影碟、迪士尼
海波龙公司出版的图书、由好莱坞录制的带有迪
士尼标签的碟片、在迪士尼百货旗下的各个商场
销售的由迪士尼消费产品公司出品的各种衍生产
品；更不用说，还转换成那些用于互联网和"全媒
体"的各种衍生产品。

在规模经济和协同增效的战略思想下，迪士
尼产品很容易在全球范围内流传。迪士尼电影基
本上配有28种语言。《狮子王》开发出的音乐剧
在全球各地上演，观众超过5000万人，每晚有12
场，许多国家还连续上演好几年，这给迪士尼带来
10亿多美元的收入。

媒介全球化的另一个重要表现是内容输出的

全球化。不论是路透社还是 NBC，不论是时代华纳集团还是迪士尼，它们很大部分的全球影响力都来源于它们源源不断生产出来的优质内容。这些优质内容能吸引全球用户并使之买单，一个重要的原因是这些全球性的跨国公司对全球不同国家、不同文化受众有深刻的洞察，并为之提供能够引起共鸣的内容体验。

迪士尼虽然起源于美国，但在全球化背景下，它的媒介所承载的内容文化包容而多元。舞台剧《阿拉丁》的主角原本是个亚洲人，但在各国的剧院现场表演时，舞台元素却是世界各地的。他可以出现在埃菲尔铁塔前面，会站在埃及金字塔上，也会出现在纽约大厦顶上，世界各国的观众都能从舞台剧中找到熟悉的场景。电影《疯狂动物城》中整座动物城按环境和气候分成了冰川区、沙漠区、雨林区、草原区，巧妙地把全球各地的生态特征结合起来，让全球观众都能体会到自己国度所处的地貌气候特征；动物城的设计也结合了美国、亚洲、非洲和南美洲的著名城市元素，冰川城里有莫斯科的瓦西里升天教堂，沙漠中心有集合了纽约、迪拜和美国著名度假胜地棕榈泉的撒哈拉广场，远景设计直接参考了上海外滩的景象，迪士尼在努力接近世界各国观众的"心"。心理学中的"情境统一性"造成了情感认同和共鸣,使得迪士尼的内容跨越万水千山,深入众多国家观众的心中。

但是,迪士尼的全球化内容输出是有鲜明底线的,美国价值的传递绝不含糊。各种文化的杂糅创新是内容全球化设计的重要方法,《花木兰》的故事来自中国,花木兰的形象设计趋于日本少女,而花木兰大胆俏皮、追求自由的本性完全脱离中国故事原型的性格,呈现出完全的美国价值,其歌舞片的形式更是美国文化的典型。《功夫熊猫》《长发公主》《阿拉丁》《小美人鱼》《卖火柴的小女孩》《狮子王》等都是各种文化杂糅的结果。

印度一家电视杂志的编辑塞拉加·巴派说,印度的电视制作克隆美国的电视,"美国的脱口秀节目在印度被群起仿效。以前从未有这么多印度人向如此广大的观众透露自己的隐私。现在每天都有新的节目被策划出来。长期以来的忌讳题材现在都可以取得很好的收视效果"。这些印度节目可能产于印度,但是其观念不是印度的。内容输出的地域化特征与美国价值文化的输出要达到潜在的一致性,才是媒介全球化内容追求的目标之一。

新媒介的全球化与传统媒介全球化的路径不

同,它是用以用户为中心、以技术为依托、以提升用户体验为目标的方式,来塑造用户对新媒体的热衷程度和依赖性。

Facebook 产品总监费基·西莫曾经说过,"Facebook 不生产任何新闻,它的使命是为用户呈现出他们感兴趣的内容"。有数据显示,Facebook 的用户每天花在 Facebook 及其旗下 Instagram 和 Messenger 等产品上的时长平均为 50 分钟。这也意味着,每天全球超过 10 亿人各花费将近 1 个小时的时间在这家公司的产品上。

而 Facebook 的产品一直在快速更新迭代,从 Instant Articles 到 Facebook Live,再到 360 Video,它一直在尝试推出各种新功能以满足用户的社交需求,希望客户能时刻"黏"在 Facebook 上。

Facebook 在 2015 年推出 Instant Articles 功能,通过以 IA 发布的文章无须跳转原网站链接的方式,提升文章的加载速度,优化用户的阅读体验;推出嵌入 Live 功能,满足用户实时的、用视频的方式向朋友分享自己生活的需要。这就是互联网媒体的"用户思维"——我们要做的是让用户更好地、更主动地生产、传递内容,互联网媒体本身就是一个平台,所有人都能成为媒体生态中的一分子。

这种以用户为本、人人都是媒体的产品思维,使 Facebook 取得了惊人的发展。Facebook 的月活跃用户数早就突破了 20 亿大关，近乎占世界人口的四分之一。每天有 13.2 亿人在使用这个平台，Facebook 已经成为全球最大的媒体分发平台。

这些看似零碎的用户行为和庞大的用户流量的商业价值使 Facebook 在营收上与传统全球性媒介巨头并驾齐驱。我们从表 3 的一组数据中可以证明。

表 3　2017 年传统全球性媒体巨头营收对比（美元）

公司名称	营收（美元）	公司名称	营收（美元）
迪士尼集团	551.37 亿	谷歌	894.6 亿
时代华纳	293.18 亿	Facebook	276.38 亿
21 世纪福克斯	285.00 亿	腾讯	257.61 亿

巨额的营收背后，其实是以 Facebook 为代表的新媒介对用户注意力的大规模攻占。在碎片化注意力时代，新媒介培养了全球用户共同使用媒介工具和分享内容的习惯，从而占据全球用户的心智。

8.2　欲望的底部——媒介全球化的实质

全球性的跨国巨头、全球性的文化内容输出和全球性的营收使许多人对媒介全球化问题忧心

忡忡。专家们对全球化影响各抒己见,其中最具代表性的观点有三种:一种是媒介全球化会带来文化入侵,文化帝国主义的出现会导致文明冲突的加剧;另一种是媒介全球化会带来文化趋同,导致本土文化被颠覆,消灭文化多元性;还有一种是温和地认为媒介全球化除了赚钱以外无关意识形态,大多数内容是中立和超越的。

文化帝国主义更多关注的是媒介强势国家的价值观向发展中国家流动的影响。劳伦斯·格罗斯伯格在《媒介建构:流行文化中的大众媒介》中就认为,文化帝国主义作为一种国家关系理念,是指帝国可以由非军事征服和占领的手段来维持或创建。它的理念是,如果一个人能够控制其他人的文化——意识形态、价值观、风格和意义,那么他就可以很轻易地控制这些人。

19世纪,欧洲殖民大国、强权国家把西方的价值观输入弱势国家时,首先就是把自己的母语作为殖民地的官方语言,以强化它们自身的文化价值。加拿大曾是英法两国的殖民地,如今的官方语言是英语和法语;拉美是葡萄牙、西班牙的殖民地,巴西讲葡萄牙语,其他大多数国家讲西班牙语。这些都是文化殖民的结果。

而且,媒介强势国家的信息向弱国流动时,都是单向的传播,强势的西方价值观以一种不可抗拒的方式强加于人。但是这种强势传播往往以极其隐蔽的方式出现,不易被一般人觉察到。西方的电视和电影产品是如此投人所好,他们生产的内容比本土节目更具吸引力,因此这种对本土文化的抢占和影响反而是看不见的掠夺。1991年,印度全国还只有一个电视网,几乎只播印度生产的节目。后来默多克的星空卫视来了,带来了许多美国生产的节目,印度人开始像美国人一样穿衣服,男孩子不再希望长大后成为板球运动员,而是幻想着成为科比那样的篮球明星。

这些强大的西方媒介集团还用垄断影视市场的方式进行着文化帝国主义"殖民"。亚列·多夫曼和阿芒·马特拉在《如何阅读唐老鸭》中就指出,在美国创作并生产的迪士尼漫画制造了许多关于价值的假设:竞争的价值、财富的价值、工作的价值等。这些假设仅仅是漫画世界的一部分。漫画世界里的人们没有稳定的工作却过着中产阶级的生活,他们会去异国土地上冒险,寻找宝藏,然后他们总会从那些单纯的农夫那里获得财富,而一些特定的人群是天生有罪的,富人总是不如穷人快乐。唐老鸭绝不只是一只大嘴肥臀、穿着蓝色水手服的鸭子,它带着喜感与笑料,顶着美国

的价值假设,扮演的是西方优越感的诠释者和传播者。它把拉美民族英雄描绘成目不识丁的老粗、衣衫褴褛的乞丐,以商业化的搞笑形式把第三世界国家闹剧化、白痴化。唐老鸭是把这些漫画再卖给他们以供娱乐,在吃干抹净了第三世界的财富之后,还不忘嬉皮笑脸地丑化、嘲笑、挖苦第三世界国家的一只"怪兽"。

马特拉特别关注漫画与图像对儿童心智的"启蒙殖民"现象。拉美是美国文化的倾销地之一,西方国家利用儿童的天真与好奇,在儿童认知能力尚未成熟之际,以漫画形式诱使拉美国家儿童学习美国人的价值观,并以此价值观来看待自己的种族与国家,造成其年轻一代"民族自贱"和"自我殖民"的精神状态。唐老鸭是文化侵略的先锋,充满着美国式的价值引导。

面对强势的全球媒介集团,发展中国家充满了焦虑,它们感觉自身的重要性被模糊,自己的精神价值观被歪曲,自己在世界中的话语权被减弱,自己的传统文化被不断地侵蚀而消失。但是一些专家认为情况并没有那么糟。他们认为,全球媒介公司的内容是中立的,除了盈利目标以外,没有意识形态的偏向。

贝塔斯曼的全球政策是:在开展业务的 20 多

个国家中,尊重每个国家的民族特色和文化传统。要从贝塔斯曼海外公司的产品中嗅到一点德国气息是不可能的。在关注一国公众与受众偏好的前提下,公司为每个国家量身定做产品:在法国是法国文化,在西班牙是西班牙文化,在美国是美国文化,等等。其目标在于业务的增长。

许多全球媒介公司都学会用这样的战略和经营适应本土文化。索尼收购哥伦比亚公司后,美国或全世界的影迷和乐迷并没有在它出品的电影、音乐中看出日本特色来;默多克在大量收购美国报纸后,也曾经选聘英国的一些小报编辑来改造美国报纸,但并不成功。因此创新本地化内容成为全球化公司的策略,它们不再像早期那样简单地直接在国外播放国内节目,而是让输入国的媒介技术人员,在掌握了西方生产技术和模板后生产本地化的媒体内容,尽管有时候这些本地化产品质量不如输出国的节目质量高,但本土节目有其自身的吸引力。以综艺节目为例,英国 Take Me Out 的中国版《非诚勿扰》,美国《勇敢向前冲》的中国版《男生女生向前冲》,《美国偶像》的中国版《超级女声》《花儿朵朵》,荷兰 The Voice 的中国版《中国好声音》,等等,这些世界性的格式化产品,都达成了"某种程度上共同投资、版权共用、共

同制作、风险共担、利润共享"的商业目标。

而且媒介观察家们还发现,媒介全球化的参与者现在不仅仅局限在少数西方国家了,许多国家的新兴媒体也在逐步参与媒介全球化的进程。印度宝莱坞电影进军全球,韩国电视剧在亚洲各国流行,拉丁美洲人在追捧巴西环球电视台和墨西哥特莱维萨电视台的肥皂剧。传统上一般会认为美联社、路透社和法新社等大型的西方新闻机构垄断了新闻内容,对西方强权国家的内容报道多而且广泛,而对第三世界国家的内容报道少甚至忽略。但是随着第三世界各国媒介的发展,现在的研究表明,第三世界国家的电视节目中60%—70%的新闻是关于第三世界的,因此对文化帝国主义的担忧有时候是言过其实了。

媒介全球化是一个极其复杂的问题,站在商业的角度和价值文化意识的角度观察会得出不一样的结论。未来随着技术的发展趋势和人类生态的变迁,媒介全球化引发的思考会更多。

8.3 未来走向——媒介世界的趋势

世界各国的媒介都面临着一些共同的问题:媒介技术、用户需求、资本权势和媒介生态的变化。这些变化会不会消解媒介全球化带来的例如传播权力、文化侵略、多元文化减少或消失、文化消费主义盛行等一系列问题？

很多人认为科学技术的发展，会改变未来媒介世界的格局。

科技创造的媒介新工具，使全世界的人都有了发声的机会。YouTube、Wikipedia、Flickr、Facebook、Twitter、LinkedIn、微博、微信，以及它们无数的接替者，用人人都能生产内容、人人都能成为传播媒介的方式，给予了所有人媒介传播的平台。柬埔寨的青年、埃塞俄比亚的中年妇女、墨西哥的退休大叔，都能在各类社交媒体上发声，少数公司垄断全球媒介渠道的局面已被打破。

科技发展极大地加快了发展中国家的媒介成长速度。在说西班牙语的中南美洲，人们看到的主流节目是由巴西和墨西哥的电视台、电讯台提供的；在韩国，人们看到的主流节目是由韩国广播公司电视台（KBS）、韩国文化广播公司电视台（MBC）、首尔广播公司电视台（SBS）提供的；在阿拉伯世界，人们看到的主流节目是由中东广播公司、阿拉伯半岛电视台、罗塔纳集团提供的；在印度和南亚国家，人们看到的主流节目是印度电视台提供的，甚至信实集团还突进了好莱坞……新兴国家媒介都在试图生产能够捍卫本国文化的创

意产品，一个多极化的媒介世界正在到来。

科技发展催化了受众由简单接受到独立思索的角色转变。信息流通促成人的改变可以说是现代媒介给人类带来的最重要的贡献之一。尽管当今以美国为主的强势文化影响还非常巨大，"被标准化的多元化"产品传播非常高效，但是随着信息技术交流消除了传播障碍，受众视野打开后的"见多识广"会使轻易掌控受众的格局被打破。受众已经和以前不一样了，他们会主动搜索信息，质疑媒体传播的内容，会用自己的知识体系和生活常识对媒体的内容进行判断（虽然有时候很主观），并且通过广泛的讨论途径，使得"真理越辩越清楚"的趋势出现。在微博、Facebook上，我们经常能看到用户对媒体所发布内容的互动和质疑。2016年美国大选期间，全世界的网友都会在 Twitter 或微博上发表对特朗普和希拉里的支持或反对言论；"metoo"运动从美国发起，扩散到全球，每一次事件曝光，全世界的网友都会加入证据的分析判断和质疑中。受众媒介素养的提升，使得一国文化强势主宰世界的情境越加艰难了。

未来技术的影响会越来越重要，但是对个性化文化的尊重将会是媒介内容创意的基石，目前的所谓"本土化"文化内容将进一步加强，成为全球媒介经营者的共识。专家们甚至想出了一个新的概念——"全球帝国",它将会替代目前的"文化帝国"。在"全球帝国"中,主流文化根据不同的区域特征、人口分布表现出不一样的形态,但这些形态都在全球媒介帝国中共同发展。不管是伊斯坦布尔的土耳其式主流文化,还是印度宝莱坞玛莎拉式的主流文化;不管是美国的好莱坞文化,还是日本的动漫文化;不管是中国的主流文化,还是中东的泛阿拉伯主流文化……承载多元化的媒介,也将呈现出多元化共生的局面。

资本权势的强势介入会越发明显,甚至会超过意识形态和文化层面的影响。但是,真正能掌控未来媒介的,还是那些能够充分洞察和把握未来人与介质、人与信息、人与人之间关系的媒介组织。只有这样的媒介组织才能够在商业野心、政治议程、文化根源和社会需要的千丝万缕的生态圈里找到最佳途径。

谁能重组媒介生态圈,谁将会有更强的影响力。

参考文献

[1] 培根. 新工具[M]. 许宝骙,译. 北京:商务印书馆,1984.

[2] 麦克卢汉. 理解媒介:论人的延伸[M]. 何道宽,译. 北京:商务印书馆,2000.

[3] 梅罗维茨. 消失的地域——电子媒介对社会行为的影响[M]. 肖志军,译. 北京:清华大学出版社,2002.

[4] 杜威. 确定性的寻求——关于知行关系的研究[M]. 傅统先,译. 上海:上海人民出版社,2005.

[5] 李普曼. 公众舆论[M]. 阎克文,江红,译. 上海:上海人民出版社,2006.

[6] 施拉姆,波特. 传播学概论[M]. 何道宽,译. 北京:中国人民大学出版社,2010.

[7] 阿伦特. 过去与未来之间[M]. 王寅丽,张立立,译. 北京:译林出版社,2011.

[8] 克里斯坦森,孔翰宁. 商业模式创新白皮书[M]. 北京:中国人民大学出版社,商务印书馆,2011.

[9] 柯林斯. 互动仪式链[M]. 林聚任,王鹏,宋丽君,译. 北京:商务印书馆,2012.

［10］格罗斯伯格. 媒介建构：流行文化中的大众媒介［M］. 祁林，译. 南京：南京大学出版社，2014.

［11］斯考伯，伊斯雷尔. 即将到来的场景时代［M］. 赵乾坤，周宝曜，译. 北京：北京联合出版公司，2014.

［12］伊尼斯. 传播的偏向［M］. 何道宽，译. 北京：中国传媒大学出版社，2015.

［13］腾讯传媒研究院. 众媒时代［M］. 北京：中信出版社，2016.

［14］威廉斯. 关键词：文化与社会的词汇［M］. 刘建基，译. 北京：生活·读书·新知三联书店，2016.

［15］J. 奈斯比特，D. 奈斯比特. 掌控大趋势［M］. 北京：中信出版集团，2017.

后　记

　　杭城 7 月,"赤日炎炎似火烧",哪儿也去不了,所以安心在书斋,终于完成了这本小书。

　　想写一本通俗地介绍媒介与社会生活方方面面关系的书,起兴于多年前给全校学生开设媒介与现代社会的通识课,一直没有找到合适的参考书。市面上的书要么太过于专业化,不适合非传媒专业的学生阅读;要么太过于理论化,非传媒专业的学生读起来太吃力。我当时就萌生了写一本通俗简明,既有专业视野又有些"潮感"的通识读本的想法。两年前提纲已列好,而且也陆陆续续写了一半,但由于忙于日常的教学研究和品牌业务咨询工作,几起几落,一直未能完成。

　　机缘巧合,蒋承勇教授"从普及人文知识,提升大学生和社会公众人文素养的宗旨出发",计划编写一套"文字—视频—音频"三位一体的"网络化人文丛书",而且定位鲜明,这是一套"人文类普及读物,兼顾知识性、学术性、通俗性;既可作为大学人文通识教材,又可作为社会公众的普及读物"。丛书的理念价值正是我几年来追寻的目标,因此,欣欣然接受邀请。丛书出版有很严格的时间要求,也迫使我终于静下心来完成任务。

　　媒介与现代社会实在是一个很大的话题,如何挑选话题、选择角度是考验智商的活。技术全面快速发展,我们面临的世界已经不是改变的问题,而是一场颠覆,未来的场景将是由信息勾连而塑造的。因此,站在科技带来的信息共享的角度可能可以更清晰地洞察媒介介质改变对社会方方面面的影响。

　　因此,在这本书中,我要努力呈现这样的场景:媒介与社会的交织是基于各个角度的,任何媒介对社会的影响都是过去的长尾,因此无论分析哪方面的影响,都应该先熟知过去,所以书中有大量对媒介历史影响发展的叙述;但是掌握未来就不能停留在过去的荣耀上,我们得观察、触摸当下,所以书中出现了大量对当今媒介的结构、秩序和模式的介绍;至于未来趋势,一般都隐藏在当下的"流行"事实中,看我们能否把握。

　　在这本书中我不只想介绍媒介与社会的种种影响关系,还希望通过对媒介的种种观察来表达一些洞察社会和思考社会的思维方法。希望阅听者能从我的所见所闻中不只是关注媒介与社会变化的本身,还应感悟到各种社会变化和创新发展都是基于一定的思维理念驱动的。教会学生一种洞察分析社会的思维方法,是我多年来在教学中追求的目标之一。我们多年来的教学或自我成长,难道不就是引导学生或我们自己摆脱思维惯性,学会一种研究社会、研究自我的方法吗?! 只有学会理念和方法,才能正确认识和掌控这个变化的世界。

希望你在阅听中感受到这个小小的心愿。

吴　凡

2018 年 7 月 31 日于杭州